El bello arte de vivir

El bello arte de vivir

Javier Elcarte

Papel certificado por el Forest Stewardship Council®

Primera edición: mayo de 2025

Printed in Spain – Impreso en España

ISBN: 978-84-10467-12-5
Depósito legal: B-4.638-2025

Compuesto en Llibresimes, S. L.

Impreso en Black Print CPI Ibérica
Sant Andreu de la Barca (Barcelona)

VE 6 7 1 2 5

ÍNDICE

A vosotros Oskia y Aitor, razón de mi existir.
Y a ti, Cristina, causa de mi vivir

Prólogo

El bello arte de vivir, curioso título, podríamos pensar. A mí personalmente me gusta creer que cualquier disciplina u oficio, cuando se ejecuta de forma fluida, con disfrute y sin lucha, se convierte en un arte: el arte de amasar pan, el arte terapéutico, el arte de criar, etc. Podríamos nombrar un sinfín de ejemplos, y todos ellos terminan generando belleza o son percibidos de una forma bella.

A lo largo de las páginas de su libro, Javier Elcarte nos presenta diferentes personajes reales o hipotéticos que han podido acudir a su consulta cuya vida, en un momento dado, los ha parado, o ellos han decidido parar, y que han convertido esa parada en una oportunidad de reflexión.

A partir de esta pausa, por iniciativa propia o guiados

por un profesional, con afán de descubrimiento y anhelo de comprensión, comienzan a mirarse hacia sí mismos, y a las experiencias de su vida, con una mirada preñada de simpatía.

De forma sencilla, cargados de entereza, paulatinamente y sin pausa, empiezan a dar nuevos sentidos a sus vivencias y a reescribir sus relatos de una forma novedosa, sin repetirse lo que los demás les dijeron o les hicieron creer erróneamente sobre ellos mismos.

Rememoran sus vivencias cargadas de dolor, sufrimiento y quebranto, observándolas con sosiego y con sentido. Así, lejos de reabrirse las heridas, estas se convierten en pasado, episodios de su vida, capítulos hilados con significados nuevos y coherentes.

Aquí nos encontramos con el arte de reescribir nuestra vida con sentido y afecto. No es necesario ni el papel ni la pluma, tan solo una mirada genuina y con capacidad de sorprenderse, para descubrir nuevas tonalidades, ángulos de luz y sonidos no escuchados.

Y el arte comienza a manifestarse conforme uno aprende a no oponer resistencia a lo que la vida nos trae, a resignificar el dolor y buscar las formas de lidiar con el sufrimiento sin causarnos un mayor desconsuelo. Y esa danza con los vaivenes de la vida, por momentos dulces, por momentos duros, por momentos amargos, por momentos alegres, es lo que Javier Elcarte sintetiza de una manera tan delicada y certera en *El bello arte de vivir*.

Cristina Cortes Viniegra
psicóloga y autora de libros y cuentos
sobre apego y trauma infantil,
marzo de 2025

1

El viaje

A través de estas páginas os invito a acompañarme en un viaje muy especial, un viaje que ningún explorador ni la mejor agencia de viajes podrán igualar. Es un viaje enigmático, que vais a tener que ir descifrando a medida que vayamos caminando juntos.

¡Ni os imagináis de lo que estoy hablando! Es como ir a la luna y más allá. Está lleno de sorpresas, de lugares ignotos, de sonrisas de colores, de llantos y de amores. Los hitos de este hermoso periplo en el que estoy inmerso y al que os invito a todos se irán deslizando con suavidad en cada palabra, en cada página del libro.

Pero antes tenemos que ponernos de acuerdo entre todos, saber de qué hablamos.

¿Qué es viajar? ¿A quién no le gusta viajar? ¿Quién no

ha soñado con conocer playas paradisiacas, culturas diferentes, animales exóticos y paisajes majestuosos?

Aunque ahora nos resulte un tanto extraño, viajar no ha tenido siempre la connotación que le damos hoy en día.

No todo el mundo viaja por placer. En muchas ocasiones viajar ha sido y es sinónimo de emigrar. Es un traslado por necesidad, en busca del pan, allá donde fuere.

Al mismo tiempo, siempre ha existido la figura del aventurero. El explorador anhelante por descubrir lo desconocido. Aventureros significados como Marco Polo y trotamundos anónimos que por miles han desfilado por la historia, rastreando y colonizando hasta el último confín de la tierra.

Hasta que aparece la figura del viajero contemporáneo: el turista.

El turista no es ni un emigrante ni un aventurero, es un soñador de sofá que se ilusiona con la idea de conocer parajes renombrados por la belleza de sus paisajes, lo exótico de su gente o lo interesante de su cultura. O todo ello a la vez, por el mero placer de deleitar los sentidos con los encantos, naturales o humanos, del lugar de destino.

El viaje turístico es programado, vacacional, con una preparación anticipada exhaustiva. No deja nada al albur de la sorpresa: forma de desplazamiento, alojamiento, visitas guiadas, menús típicos, tiendas de souvenirs...

El turista espera con anhelo esas vacaciones que le llevarán al paraíso. No es raro escuchar la frase: «Disfruto más preparando las vacaciones que cuando estoy de vacaciones».

Luego, las cosas no son siempre como uno las había imaginado. Es lo que tiene el viajar. A veces las expectativas no se cumplen. Pero, así y todo he viajado y ¡tengo tantas cosas para contar!

Volveré cargado de anécdotas, recuerdos y en especial fotos, selfis de todo tipo y condición y, de esta manera, disfrutaré de la maravilla de las maravillas de un viaje vacacional: ¡contarlo! Para solaz y seguramente una pizca de envidia de familiares, vecinos y conocidos en general

Pero no, el viaje al que os invito no es migratorio, tampoco aventurero, y menos aún turístico. Es un viaje único, personal e intransferible que solo uno mismo puede realizar. A veces acompañado, otras en completa soledad.

De hecho, es tan peculiar que su comienzo y su final no pueden ser de otra manera. Uno comienza el viaje solo y lo remata también solo. Aunque curiosamente, al mismo tiempo, es un viaje relacional, donde casi en todo momento, con la excepción del inicio y del fin, vamos acompañados por iguales.

Como veis, es una travesía misteriosa, una odisea diferente, con pocas certezas e innumerables incertidumbres, que es precisamente lo que lo hace tan singular.

No puedo adelantar más de momento, porque quiero que el viaje sea real y que lo vivamos juntos. Tan solo diré que es también un viaje inevitable.

«¿Inevitable?», preguntaréis.

Pues sí, es una aventura inevitable. No hay elección. Sí o sí, toca realizarla. Ni siquiera elegimos cuándo ni cómo emprender el viaje. El desenlace final, cómo terminar la expedición, en cierto modo, sí está en nuestra mano, pero eso es ya otra cuestión.

Cuando entendáis el porqué del viaje, su sentido más profundo, nadie querrá bajarse del tren antes de llegar a la estación. Os lo aseguro.

«¿Y por qué? —diréis—. Si es un viaje obligatorio, ¿qué pasa si no quiero hacerlo?».

No tengo una respuesta fehaciente a esa pregunta, pero tened por seguro que, si decidís acompañarme, vais a disfrutar tanto del viaje, va a ser tan intenso, tan emocionante, con sus luces y sus sombras, que vais a desear vivirlo a tope, sorberlo con fruición de principio a fin.

Os invito a todos a la aventura por excelencia, el VIAJE con mayúsculas, el viaje de la VIDA.

Viajar es un arte y vivir es un arte. El arte de vivir. El bello arte de vivir, misión y sentido de este libro.

Reitero que no hay opción. Toca viajar. Pero, si voy a desgana, me quejo de que el tren es incómodo, de que en el hotel que me ha tocado se descansa mal, que no me gusta la comida del país o, peor aún, que los compañeros de viaje me incomodan, la travesía os va a resultar eterna.

El viaje de la vida, como toda aventura humana, exige flexibilidad, capacidad de adaptación, mucha paciencia, amor propio a raudales, solidaridad en la misma medida y, sobre todo, compasión.

No hagáis caso a los que os dicen que no estáis preparados. Todos lo estamos. Os lo recalco por experiencia propia. Yo me he resistido durante años, he intentado hacerme a un lado más de una vez, hasta que, al final y felizmente, he comprendido lo maravilloso de esta odisea y en ella estoy implicado de lleno.

Quizá aún no seáis conscientes del todo, pero ya estáis en pleno viaje, inmersos en la aventura de la existencia. Este mismo instante es vida y lo estamos compartiendo.

Vamos con ello. Viajemos de la mano. En cada palabra, en cada frase, espero verme acompañado y, entre todos realizar un recorrido inolvidable, lleno de sentido. Ojalá sea una experiencia memorable que os marque para bien.

2

El vehículo

Todo viaje necesita del correspondiente medio de transporte. Hay quien prefiere volar, quien disfruta con la tranquilidad del tren o quien se decanta por la libertad del automóvil que permite elegir paradas y destinos.

El viaje que os propongo no incluye elementos externos. «¿Cómo? —preguntaréis—. ¿No hay agencia de viajes? ¿Dónde se compran los billetes? ¿En qué concesionario me aconsejan comprar el coche?».

La respuesta es sencilla. Como ya adelanté en el capítulo anterior, este viaje nos viene dado, no elegimos ni el qué ni el cómo.

El vehículo asignado a cada uno es tan mágico como mágico es el viaje. Está hecho tan a medida, es tan personalizado, que es casi —o sin el «casi»—, como un traje perfecto. Uno de esos que nos sientan como un guante, y del que ni nos damos cuenta de que lo llevamos.

Se trata de un concesionario distinto; no se elige modelo, no se negocia precio y los complementos vienen de serie. El vendedor es dueño y señor de la decisión. Conoce tan bien al cliente que para cuando este llega al concesionario, ya tiene asignado, preparado y puesto a punto, el modelo que se va a llevar.

Podríamos decir que no hay comprador; vamos, que el comprador es pasivo y la compra le llega impuesta literalmente. De hecho, durante mucho tiempo, este ni siquiera sabe que tiene coche.

Increíble, ¿verdad? Una adquisición tan importante y vamos a ciegas. Es lo que tiene la magia, y como os digo este viaje es mágico de principio a fin.

Hay quien cree que la decisión final se toma en el CDVH (Concesionario Divino de Vehículos Humanos). Otros se inclinan por el CKVH (Concesionario Kármico de Vehículos Humanos). Matiz seguramente importante pero que, en definitiva, no pone en duda la circunstancia de que la elección no está en ningún momento en nuestra mano.

A cada uno nos ha tocado un tiempo, un lugar, una madre, un padre y un entorno familiar y social concretos.

Y todo esto influirá, y de qué manera, en lo que un día seremos como seres humanos.

Divina o azarosa, esta realidad es innegable. Cuanto más se investiga más increíble resulta el momento de nuestra concepción y aterrizaje en el mundo. Todo parece fruto de un azar cósmico, pero hay detalles que nos dejan ojipláticos.

Recientemente se ha descubierto, por ejemplo, que, contrariamente a lo que se creía, no es el espermatozoide más rápido el que define la fecundación del óvulo. Sorprendente, lo sé, pero lo dice la ciencia. Hasta ahora se ha dado por sentado que el óvulo era una célula pasiva, un ente secundario en la fertilización. Es decir, que el espermatozoide, el «machito» más rápido era el que se llevaba el premio.

Pues no. Ocurre todo lo contrario. Es el óvulo el que, de forma activa, escoge o rechaza los espermatozoides que le van llegando de acuerdo a su carga genética y a la adaptabilidad del gameto masculino. Por tanto, desde el mismo principio, «elige quien elige».

Aunque no seamos conscientes de ello, ya ha comenzado nuestro viaje. Y no es un viaje sencillo. Está lleno de sorpresas, de incertidumbre, de luces y de sombras.

El mito dice que somos fruto del amor, que un día una

flecha de un tal Cupido atravesó el corazón de nuestros padres. Todos soñamos con una gestación ideal donde madre y bebé, desde el mismo momento en que este se instala en su vientre, viven el uno para el otro, en una conexión amorosa casi celestial.

La realidad no es tan simple. Nuestra concepción y posterior gestación no siempre es un camino de rosas. Aprendemos desde el minuto cero que nuestra existencia es un torbellino, una montaña rusa de risas y llantos, alegrías y penas, euforias y disforias. Nada es lineal en esto que llamamos vida.

Esta es la raíz, el sentido y el porqué de este libro. Su título no quiere decir que la vida sea fácil, que nunca pasa nada malo y que la felicidad es una realidad *per se*, consustancial al hecho de ser una persona. Vivir es un arte precisamente porque exige encarar todo aquello que la vida nos depara, sus sabores y sus sinsabores, sus disfrutes y sus penas y aprender de ello, de lo bueno y de lo malo, ya toque chabola o toque palacio. Recordad siempre que la flor de loto más hermosa nace del lodo.

Vivir es un arte, como criar es un arte. Engendrar vida y traer niños al mundo es lo más excelso que uno pueda imaginar. Pero no debemos olvidar que nos traen al mundo con dolor, que venimos al mundo con dolor.

La primera artista es la madre, aunque no todas las mamás viven en castillos engalanados, ni son princesas de cuentos de hadas. Cada una es a su vez de su padre y de su madre, tiene la salud que tiene, una situación económica concreta y está acompañada por un padre, si es que hay padre, que, a su vez, viene igualmente de donde viene.

Por supuesto, muchos de vosotros habéis tenido la fortuna de ser fruto del amor y de ser engendrados en un contexto de hogar seguro y de disponibilidad afectiva completa. Enhorabuena por lo que os toca, aunque la vida es larga y antes o después a todos nos toca saborear nuestra cuota de pesares y sinsabores. El viaje es así, el juego es así.

Como esta dualidad de risas y lágrimas nos acompañará a lo largo de todo el trayecto, quiero dejar bien claro que para nada estoy incidiendo en la noción de sufrimiento como un camino sin salida. No estamos condenados por nuestro nacimiento, o por nuestras primeras heridas de vida. Calma.

El arte de vivir es un saber que se adquiere viviendo y, como todo arte, exige maestría e inspiración, pero también disciplina y constancia. Como alguien dijo una vez —la gente bella no surge de la nada—. Es un canto a la esperanza, a la comprensión de que, aunque a veces las cosas se tuercen, siempre hay un taller cerca, una mano amiga para ayudarnos a volver al camino y que de todo podemos aprender, salir reforzados y crecer como seres humanos.

Fabricación

Lo realmente asombroso es lo que, desde la primera pieza, nuestro vehículo tiene. En apariencia vida propia. Es adaptable al medio. Una vez puesto en marcha, irá modificando sus prestaciones en función del entorno en el que se desplace y los pilotos y copilotos que lo manejen.

Es un fenómeno tan inaudito que, literalmente, primero llega el automóvil y luego el conductor. Bueno, el conductor en realidad sí que está ya, pero no se dará cuenta de que ha empezado el viaje, ni del vehículo que le ha tocado en suerte, hasta mucho tiempo después.

Un día una mujer —nuestra futura madre— en plena ovulación, en la mitad de su ciclo menstrual, tiene relaciones íntimas con un hombre, que luego será nuestro padre y, por esa lotería del destino, uno de sus óvulos disponibles tiene la oportunidad de escoger el espermatozoide adecuado, generosamente donado por el hombre, y concebir un nuevo ser, más adelante nosotros.

Así de simple y así de casual. Cierto que hoy esto ya no parece tan casual porque la fecundación asistida ha venido para quedarse y cada vez es mayor el número de parejas que se ven obligadas a recurrir a ella. Por otro lado, no siempre todos los embarazos son deseados y cada vez son más frecuentes las familias monoparentales, parejas del mismo sexo y un sinfín de nuevas posibilidades que la ciencia permite. Todas estas alternativas abren un nuevo marco en cuanto a los conceptos de gestación y de familia.

Pero esto es un viaje, un viaje compartido. Espero que cada uno de vosotros pueda bucear en su historia y, para ello, quiero empezar por haceros partícipes de la mía.

Dicho y hecho. A mí me concibieron/fabricaron en una aldea de la montaña de Navarra. Paraje duro, de inviernos largos y estíos cortos. De una belleza aún hoy virgen y absolutamente deslumbrante. Encinas en el secarral, robles frente a la ventana y hayedos en las alturas, paisaje inolvidable de mi infancia y de mis venturas.

El entorno era paradisiaco, pero también pobre. La agricultura no daba para secano y el cereal era escaso. Se imponía la ganadería: ovejas, cabras, vacas y caballos.

Ideal eso sí, con tanto bosque, para las carboneras. Yo nací en el reino de las carboneras vegetales.

Y en aquel inhóspito edén me concibieron mis padres. Padre se arriesgó a buscar pareja en el pueblo de al lado, toda una hazaña, quiero pensar, dada su timidez. La pobreza era el denominador común en el valle, pero nosotros éramos aún un poco más pobres si cabe. Padre no era agricultor, ni ganadero. Era albañil, nada glamuroso en aquel entonces, os lo aseguro.

Al menos, siendo albañil pudo construir una casa con sus propias manos en una huerta que le cedieron mis abuelos. En pocas palabras, no esperaron a casarse, tener la hipoteca encarrilada y el último visillo de la casa dispuesto para empezar a concebir hijos, yo el primero. Cuando emigramos a la ciudad, a mis siete años, la casa aún estaba a medias. Bueno, hoy, sesenta años después, sigue estando inacabada. La casa «interminable» que madre nunca pudo ni supo rematar.

No puedo decir, por tanto, que fuera concebido en un ambiente relajado y con la vida resuelta. Trabajo duro de sol a sol, mucha penuria y comida, la justa. ¿Cómo os fue a vosotros? ¿Sabéis algo de dónde fuisteis concebidos? ¿En qué circunstancias? ¿En qué entorno? No son preguntas banales. Os aseguro que lo que hoy somos empieza a gestarse desde el mismo momento en el que el óvulo de la madre permite la entrada al espermatozoide del padre.

Para empezar, en esta fusión, en la fecundación, ya aparece un primer aspecto que tener en cuenta, la genética. Una parte considerable de lo que seremos viene ya escrito en cierto modo en un libro de instrucciones extraordinariamente prolijo y detallado, de nombre impronunciable, ácido desoxirribonucleico, más conocido como ADN.

La vida es magia pura, sin duda. Llevada en volandas, al parecer, por los vientos y huracanes del azar. Sin embargo, ya desde el mismo inicio, traemos instrucciones predeterminadas que no podemos, ni podremos, soslayar, aunque sí pulir y mejorar.

La genética al igual que el resto de las circunstancias de nuestra gestación no deja de ser otro tipo de lotería. Los mismos padres no conciben hijos iguales. Cada óvulo y cada espermatozoide escogido harán la guerra genética por su cuenta, resultando enormemente creativos en cuanto a la variedad de combinaciones resultantes.

Yo mismo doy fe de que dos hijos, mis hijos, de la misma madre y del mismo padre, concebidos casi en el mismo ambiente, han resultado desde el parto, totalmente diferentes.

Prototipo

Ya tenemos, por tanto, el embrión del prototipo de nuestro vehículo. La genética marcará la biología. Los temperamentos biológicos con los que iniciamos el viaje estarán en la base de nuestro desarrollo posterior. Unos serán resistentes, otros reactivos, otros pasivos. Al igual que existen todoterrenos, descapotables, utilitarios o fórmulas 1.

¿Qué prototipo os ha tocado a vosotros?

El mío es resistente. Un todoterreno puro y duro. Soy hijo de una madre fuerte y sólida. Y de un padre, bondadoso y «aguantador» agónico de pura cepa.

En aquel escenario había poco espacio para estilismos y apariencias. Había mucha cuesta y barranco que subir, mucho lodo que pisar, mucho frío que pasar y trabajo, mucho trabajo que hacer, si queríamos comer. Poco tiempo para la lírica. Debo reconocer que se me asignó una genética adaptada al medio. Doy gracias por ello a quien corresponda.

El prototipo ya está en fabricación. Como veis, todo el mundo sabe ya que ha empezado nuestro viaje, excepto nosotros mismos. ¡Qué rabia, ¿verdad?! Lo sabe el «hacedor», azaroso o divino, lo saben nuestros progenitores y, si no son muy discretos, lo sabe medio pueblo.

La primera etapa del viaje se realiza en el vientre materno. Al principio, somos como pequeños renacuajos creciendo dentro del útero de mamá, flotando y moviéndonos libremente, protegidos por el saco de líquido amniótico, al resguardo de sacudidas y golpes. No puede uno imaginar lugar más seguro y acogedor.

Y desde ya, establecemos uno de los lazos más profundos que existen en el mundo, el vínculo madre-bebé. Desde el momento mismo de la concepción comenzamos a sentir el amor, la protección y el apego hacia nuestra mamá.

Este hecho es fundamental porque comienza a generarse una relación emocional que, a medida que vamos creciendo, forjará una conexión única, especial, la cual determinará en gran medida nuestro desarrollo emocional y social a lo largo de toda nuestra vida.

Dicho de otra manera, muy pronto, dicen que, para los tres meses, ya sentimos a mamá. Y si la sentimos, ello quiere decir que sentimos sus estados y el impacto que dichos estados causen en nuestro pequeño cuerpecito. Si esto no es milagroso, ya me diréis. Comienza una sintonía emocional, una sintonía madre-bebé que será extraordinaria, que irá más allá de cualquier lógica y se hundirá en los enigmas inexplicados de la vida.

Creo que aquí tenemos que detenernos y reflexionar un poco. ¿Qué significa esta sintonía emocional entre yo bebé y mi mamá? Pues sencillamente que mientras residimos flotando en el vientre de mamá necesitamos que ella esté cuando menos tranquila, sin estrés, ilusionada con la vida que lleva dentro. Necesitamos que el portador sea priorizado por encima de todo.

Todos asumimos que cuando somos un simple embrión alimentado y nutrido por la madre, la figura materna se erige como pilar fundamental del proceso de la gestación. Todo el mundo entiende esto, pero luego, no todo el mundo es consecuente con ello.

Para empezar las propias parejas que muchas veces no estamos a la altura de las circunstancias. Antaño, la embarazada, en lo posible, era acompañada en el proceso por su madre, la abuela. Bien la hija en estado se alojaba en casa de su progenitora, o bien esta iba un tiempo a residir con su hija y su yerno hasta finalizar la gestación. Es decir, la abuela acompañaba a la madre hasta que esta se recuperaba del parto.

Pero la cuestión va mucho más allá alcanzando a la sociedad en su conjunto. El ritmo frenético de vida que llevamos resulta desolador para un proceso natural de crianza. Por un lado, la conciliación familiar resulta un hito casi inalcanzable para muchas familias hoy día y, por otro, los permisos de maternidad y paternidad son exiguos y las empresas no ven con buenos ojos, seamos sinceros, a las empleadas embarazadas.

Diréis que no es para tanto. Pero el bienestar del estado del vientre materno sí es para tanto y el de la portadora del vientre también. No creo que asombre a nadie si digo que el estado emocional de la madre afecta al desarrollo del bebé y a su salud mental y física futura.

Es tan bonito viajar tranquilo en el vientre de nuestra madre escuchando su voz melodiosa, sintiendo su respiración tranquila y su corazón latiendo con un ritmo estable y cadencioso, a la vez que percibo con el estado fisiológico del afecto todo el amor que me transmite. Es una sensación tan agradable de protección y armonía. Estoy tan a gusto que sonrío, me chupo el dedo, muevo el cuerpo, doy pataditas y hago todo lo que se me ocurre desde ese estado tan plácido.

Y es que mamá, cuando está bien, me transmite bienestar, tranquilidad y emociones bonitas a través de frases positivas, acariciando su barriguita, hablándome y poniendo música relajante. Mamá es sabia y me quiere ¡tanto tanto!

Pero a veces mamá tiene miedo, está triste o se enfada. Entonces yo me pongo muy nervioso, no sé lo que pasa, me asusto y me quedo casi paralizado. La verdad es que cuando suceden estas cosas malas me cuesta mucho volver a confiar y a estar tranquilo.

En casos de miedo intenso, véase violencia doméstica, por ejemplo, el cuerpo de la madre libera hormonas del estrés como el cortisol que pueden acabar atravesando la placenta y afectar al feto. Las consecuencias no serán precisamente halagüeñas. Algo similar ocurrirá con el enojo intenso. O con la tristeza profunda.

Cualquier sufrimiento físico o emocional de la madre prolongado acabará, por tanto, impactando en el feto. No vamos a entrar en detalle porque no es el objetivo de este viaje, pero la cuestión resulta obvia y está suficientemente documentada. Hoy el «trauma perinatal» es ya objeto de estudio académico; se trata de eventos traumáticos que el bebé sufre en el proceso de embarazo y alumbramiento.

Recuerdo con cariño el caso de Pedro, un hombre maduro que acudió a mi despacho con una consulta un tanto *sui generis*. Al parecer, según sus palabras, cuando se ponía nervioso o se estresaba, le entraba un frío terrible que le calaba hasta los huesos.

—Es como si me congelara por dentro y no hay manera de calentarme —confesaba.

El caso era curioso porque, aunque obviamente tenía que ver con la ansiedad y el estrés la respuesta fisiológica no era la esperable. La sintomatología no era la habitual en las crisis de ansiedad.

Después de mucha exploración, mucha psicoeducación y cuando ya estábamos a punto de rendirnos, llegó a su vida una información que nos trajo un poco de luz.

Al parecer, había descubierto por medio de algún familiar que el embarazo de su madre no fue aceptado por sus padres. Fue un embarazo no deseado y supuso una afrenta y una vergüenza para la familia.

Aunque os parezca de una crueldad terrible, en aras de esconder la vergüenza y, creo yo, como castigo al mismo tiempo, el padre decidió y obligó a su hija a pasar los últimos meses de la gestación, cuando el vientre empezaba a ser visible, en un sótano congelador, sin calefacción, en pleno invierno. Imaginad el estado de estrés, miedo, soledad y frío de aquella pobre jovencita.

Ese estado impactó en el feto, fue compartido fisiológicamente y quedó grabado en la memoria implícita sensorial de aquel bebé. Ello explicaba casi mágicamente por qué el cerebro de mi paciente conectaba cualquier momento de estrés con miedo, soledad y frío, muchísimo frío.

Como su mente adulta no podía comprender las razones de ese miedo, esa soledad y ese frío, cada vez que le ocurría se agobiaba, se desesperaba, es decir, se estresaba aún más, lo cual, como sucede siempre en el círculo de la ansiedad, producía a su vez, más miedo, más soledad y más frío.

Acertamos de pleno porque cuando comprendió que su «extraña» respuesta al estrés tenía una lógica traumática que hincaba sus raíces en el feto que fue en el vientre de su madre, pudimos abordar dicha respuesta como abordamos cualquier otra respuesta fisiológica habitual en las crisis de ansiedad.

A partir de entonces, cuando aparecían las sensaciones de miedo, soledad y frío, ante cualquier situación de estrés, en lugar de asustarse o desesperarse, utilizaba las técnicas de atención plena aprendidas en la intervención terapéutica que realizaba en nuestro centro. De esta manera conseguía regularse y la crisis no llegaba a mayores.

El resultado fue que, al perderle el miedo a las sensaciones, estas fueron perdiendo intensidad y se fueron igualmente espaciando en el tiempo. La calma y el sosiego se abrieron paso en su día a día.

Salida de fábrica

La primera etapa del viaje suele durar unos nueve meses y la salida del garaje al exterior será uno de los momentos más críticos y decisivos del trayecto. Salimos de boxes, pero aún estamos muy lejos de poder empezar a movernos por nuestra cuenta.

Este desembarco, el alumbramiento, lleva produciéndose desde que el ser humano es ser humano de una manera natural. Ahora hay mucha controversia en cuanto a los medios modernos de ayuda al parto. La tecnología ha avanzado tanto que prácticamente podemos monitorizar y modificar todo el proceso. Aunque hay corrientes que postulan por una vuelta al modelo de parto natural.

Con todo, ya vemos la luz. Ya existimos y, para los demás ya tenemos un nombre, un género y hasta una patria. Sin embargo, nosotros seguimos despistados y de todo eso no tenemos la menor noción.

Todavía es pronto para hablar de «yo», de «mí». Ya tenemos la carcasa del coche, pero aún no hay conductor. De momento lo manejan los futuros copilotos. Padre, madre y cuidadores varios.

En cualquier caso, el parto, el arte de dar a luz, es aún más delicado si cabe que la propia gestación. Tenemos que atravesar un túnel realmente estrecho y aparentemente nuestro cerebro es demasiado grande para deslizarse por él.

La madre, después de muchos meses de gestación con todas sus vicisitudes, peripecias, altibajos, idas y venidas, se enfrenta al reto final, un último esfuerzo en el acto más maravilloso que pueda darse en la vida de cualquiera, la creación de un nuevo ser.

El parto, natural o no, siempre tiene su fase de dolor, espera, miedo, incertidumbre y finalmente, si todo llega a buen puerto, felicidad plena, inconmensurable para lo cual necesitamos una madre saludable. Las que habéis sido madres podéis explicar mucho mejor que yo ese momento de entrega, donación y éxtasis.

El tránsito del útero a la luz es un viaje tan maravilloso como delicado. Y aquí también, puede haber incidencias, dificultades, que pueden influir y determinar nuestro desarrollo futuro.

Muchas veces los nacimientos son prematuros, siendo recogidos en neonatos con las implicaciones que ello conlleva. En ocasiones, el sufrimiento fetal puede deberse a que la placenta o el cordón umbilical interrumpe el flujo de sangre, y por tanto de oxígeno, al feto. Otras veces, este respira líquido amniótico. A veces la placenta presenta envejecimiento. En fin, mil y una complicaciones que tienen su importancia, y mucha.

Diréis: «Pero eso pasó hace mucho tiempo. ¿Cómo me va a estar afectando tantos años después?».

La respuesta es la misma. Las primeras experiencias

comienzan en el útero y en esta etapa somos altamente influenciables por el entorno. Todas las experiencias relacionadas con la estrecha dependencia materna, tanto en la gestación, como en el parto y la lactancia, influyen enormemente a nivel hormonal, inmunológico y psicológico.

Los traumas perinatales se graban en nuestra memoria sensorial, que es una memoria física, corporal, y se activarán posteriormente en la vida adulta cuando se produzca algún disparador, cualquier evento vital, que nos conecte con aquella experiencia traumática, aunque se produjera en el propio parto.

En una ocasión trabajé con una paciente, María, que cada vez que entraba en estados de estrés emocional, sobre todo en situaciones de exposición, no solo se quedaba bloqueada, incapaz de hablar y casi de moverse, sino que, extrañamente, sentía que se ahogaba. Pero no era un ahogo típico de la ansiedad, como falta de aire o presión en la garganta.

María sentía como si «algo» le estrangulara, literalmente. Recuerdo que, para describir la sensación, se cogía con una mano la garganta y la apretaba como si se estuviera ahogando a sí misma. Exploramos posibles eventos traumáticos donde hubiera podido ser víctima de estrangulamiento o similar, pero no encontramos rastro ninguno.

Era una persona muy visual y sensible, con recuerdos nítidos prácticamente desde la cuna. Rastreamos con parsimonia los primeros años de su vida hasta descubrir, con sorpresa, que recordada dicha sensación desde que era bebé.

Finalmente, preguntó a su madre si ella también recordaba verla así en los meses posteriores al alumbramiento. Y en efecto, la madre lo tenía muy presente y además le hizo saber que nació con el cordón umbilical envuelto alrededor de su cuello. Lo cual le ocasionó una pequeña anoxia, asfixia de nacimiento.

Este descubrimiento produjo un alivio importante en la manera con la que mi apreciada María abordaba la sensación de estrangulamiento durante sus crisis de ansiedad. Y con un trabajo paciente, con psicoeducación, técnicas de abordaje del trauma y herramientas de atención plena, la sintomatología de ahogamiento se fue mitigando poco a poco, a la vez que se reducía su frecuencia.

3

El piloto y los copilotos

Ya hemos salido de fábrica, y nuestro vehículo comienza a rodar. El prototipo ya se encuentra en ruta, pero el modelo definitivo se conformará rodando, con la experiencia. Somos fruto de la genética y de la experiencia.

Un par de conductores avezados se hacen cargo de la conducción, porque el propietario del vehículo aún no tiene el pertinente carnet de conducir. Tendrá que practicar, y mucho, antes de que se le permita presentarse al examen y obtener la licencia. Durante años, las personas al volante serán las figuras de nuestros cuidadores, idealmente nuestros progenitores, los cuales nos llevan en volandas hasta nuestro próximo destino, la vida.

Es curioso, pero, si nos comparamos con otras especies, muchos mamíferos incluidos, los humanos somos seres totalmente desvalidos al nacer. Tan solo algunas especies de mamíferos placentarios, como los roedores y los marsupiales y algún que otro carnívoro, nacen con un estado de deprivación similar al nuestro, con los ojos y los conductos auditivos cerrados o semicerrados, sin pelo y con severas limitaciones motoras.

Por poner un ejemplo, al nacer, el tamaño de nuestro encéfalo es la tercera parte del que tendrá cuando alcance su máximo desarrollo, lo que quiere decir que en el momento del nacimiento nos encontramos lejísimos de disponer de plenas facultades neurológicas, cognitivas y motoras. Seguimos en estado prácticamente embrionario, dependiendo de la figura de la madre absolutamente para todo.

Ningún otro de nuestros parientes primates nace tan vulnerable. Para que un bebé humano nazca con un grado de desarrollo equivalente al de un bebé chimpancé, necesitaría de un periodo de gestación de entre dieciocho y veintiún meses. ¿Os imagináis? Con esto os podéis hacer una idea de nuestro grado de dependencia posparto.

Es posible que seamos la especie dominante, no lo discuto, pero lo cierto es que venimos al mundo totalmente indefensos y estamos a merced de nuestros cuidadores. Padres en primer lugar, por supuesto, y en su defecto, abuelos, tíos y figuras afectivas varias.

Bajo su protección descubrimos las primeras luces, escuchamos los primeros sonidos y saboreamos las primeras texturas de la realidad. La relación mamá-bebé adquiere la máxima expresión en la primera etapa tras el parto. Se han realizado mil y un pequeños experimentos que prueban la fortaleza y lo extraordinario de esta sintonía.

El reptado del bebé por el pecho materno es una prueba de ello. Imaginemos que colocamos al recién nacido, nada más nacer, en el vientre de la madre, piel con piel. Al momento, el bebé comienza a reptar por su cuenta, nadie lo empuja a ello. Repta y repta hasta alcanzar el pecho de la mamá. Y una vez allí, alcanzada la meta, mira a su madre, agarra su pecho y comienza a mamar. Es guiado por el olor de la aureola del pezón mamario que huele como el líquido amniótico de la placenta. Y seguramente, muchos de nosotros habremos realizado esta pequeña aventura, aunque no tengamos recuerdo de ello.

El desarrollo del bebé es muy lento, parte de la lentitud ya mencionada del desarrollo de nuestro cerebro, y vendrá determinado de principio a fin, por la relación que se establece entre el bebé y su entorno.

Desarrollo del prototipo

Ya estamos en ruta, comienza el rodaje, la experimentación. Rodaje basado en el aspecto fundamental de nuestro desarrollo y nuestra realidad como humanos, la relación con el entorno y con los que habitan en él. Somos seres relacionales. Nuestro cerebro es relacional y madurará poco a poco en la relación con el medio, primero con nuestros cuidadores y luego con nuestros iguales.

El prototipo nos ha venido dado, pero no es todavía el modelo definitivo. Será la experiencia la que determine nuestro yo, nuestra personalidad definitiva. Cada uno de nosotros es único en su constitución, en su genética y en su experiencia de vida. Ambas se entrelazan y nos van configurando; la experiencia va activando los genes.

Vamos a desglosar con calma los diferentes marcos, los distintos escenarios donde tuvieron lugar nuestras experiencias primigenias. Unos serán más seguros y otros no tanto, y su influencia quedará dibujada de manera indeleble en nuestra manera de funcionar como adultos.

Este desarrollo, como todo en la vida, prácticamente nunca será lineal y mucho menos ideal. Imaginar un hogar perfecto, con una familia maravillosa no es tan difícil. Basta con recrear un escenario donde el bebé crezca con sensaciones de seguridad percibida, habitando un espacio acogedor, con disponibilidad afectiva completa de parte de aquellos que velan por su bienestar. Esto le haría sentirse visto y sentido, sintonizado con los que le cuidan. Hermosa manera de madurar, ¿verdad? Cómodo, relajado, suelto, a la vez que valorado y reconocido. La adversidad y el malestar son calmados y entonados con coherencia.

Para que esto ocurriera, obviamente, sería necesario que el cuidador o cuidadores principales se comportaran de manera sensible, cálida, acogedora y siempre atenta a las necesidades del niño. No hablamos de mimo, hablamos de presencia, de disponibilidad física y afectiva.

Os imagináis que el padre o la madre llegan a casa y perciben al niño triste. Lejos de molestarse porque están cansados, abordan a su hijo con delicadeza. «Te veo triste, cielo, ¿ha ocurrido algo? —Cuéntaselo a mamá o a papá».

Os imagináis al niño dando por primera vez una patada al balón, cayéndose de culo, y a los padres sonriendo y aplaudiendo la «hazaña».

Os imagináis que durante la cena, el niño sin querer, empuja un vaso que cae al suelo y este explota con estrépito y que, lejos de alarmarse, con calma, el padre o la madre recogen los trozos de vidrio con la escoba a la vez que explican: «No pasa nada, estas cosas ocurren, pero todo tiene solución».

Este tipo de respuesta por parte de los cuidadores iría generando en el niño un vínculo emocional seguro, redundando en una cada vez mayor sensación de confianza en sí mismo a la hora de afrontar el mundo que le espera.

Aconsejar es fácil. Idealizar, más fácil aún. Todo el mundo, salvo contadas y nada recomendables excepciones entiende que la base de la crianza es el amor y la aceptación incondicional, cimiento imprescindible para generar sensación de seguridad. De ahí, consolar y validar las emociones del niño, enseñándole a regularlas.

La lista es larga e incluye el contacto físico, los masajes, los juegos y los cuentos donde el niño se vive a sí mismo como protagonista principal. Incluso las bromas y, cómo no, el contacto visual, siempre necesario. Así el pequeño crecería sabiendo que es importante y que merece ser querido por los demás.

Esta noción ideal de seguridad parece clara y diáfana, pero no por ello está libre de malentendidos. Por ejemplo, es muy común en mi región escuchar frases del tipo: «Yo estoy muy apegado a mi madre, la llamo todos los días». Ese «apegamiento», contrariamente a lo que pudiera parecer, no tiene nada que ver con la seguridad.

Al nacer, casi desde el minuto cero, empieza a configurarse la relación entre el bebé y su madre En apariencia es un fenómeno contradictorio porque, a mayor seguridad percibida, mayor es la capacidad del niño de alejarse de la madre. Noción contraria al apegamiento que muchas personas tienen con respecto a su madre, en la edad adulta.

De hecho, el bebé ya conoce el olor y la voz de su madre antes de nacer y, nada más salir de su vientre, necesita estar cerca de ese olor y escuchar esa voz para sentirse seguro.

Desde esa seguridad irá comprobando que, aunque no esté en su campo de visión, aunque no la huela o la escuche, la mamá está ahí disponible para él. Este alejamiento desde la certeza de la seguridad se irá produciendo poco a poco hasta llegar el momento en el que el niño se siente tranquilo y seguro, aunque la mamá no esté físicamente presente.

Tocando tierra

Y aquí comienza el baile. Como suele decirse —la teoría ya me la sé—. Por gracia o por desgracia, la realidad nunca es perfecta, es maravillosamente imperfecta, caóticamente ordenada. Y lo mismo ocurre con la relación con nuestros cuidadores en la infancia y con la infancia en general. En función de ese caos organizado que es la vida, iremos desarrollando un tipo de personalidad u otro. El modelo final del vehículo vendrá determinado por los avatares de su rodaje previo.

Y hablando de tocar tierra, ¿qué os parece si comenzamos por mi tierra? Acompañadme de vuelta a la montaña. ¿Os animáis? Imaginad un hermoso valle entre verdes montañas. De esos donde el sol tarda en asomarse por las cumbres y se recoge pronto en el horizonte. Paisaje agraciado para el pintor, pero áspero para la vida. Jalonado por majestuosos buitres quebrantahuesos rondando en las alturas a la búsqueda de carroña, algo habitual en un entorno saturado de todo tipo de ganado.

Padre albañil, como ya dije antes, en un entorno rural, agrícola y ganadero. Madre ama de casa, haciendo realmente honor al título de ama, porque en aquella casa mandaba la mujer en una especie de matriarcado «machista» sin discusión.

Yo, primer hijo, primer nieto, primogénito en todo. Mis padres se desposaron y comenzaron a traer hijos al mundo antes incluso de tener la casa terminada. La familia fue creciendo a una con la casa, literalmente. Siempre recuerdo a padre, cada domingo, paleta en mano, luciendo paredes o levantando tabiques. Di mis primeros pasos en suelos sin baldosas, para que os hagáis una idea.

Madre era fuerte, dura. Padre bondadoso, aguantador. Para un hijo varón la ley era simple, los hombres no lloran y la palabra es la palabra. Yo cumplí con creces. Pronto me gané el respeto de todos, madre incluida, porque jamás lloraba y, además, pronto empecé a sacar buenas notas.

Y os aseguro que no llorar en aquel ambiente tenía mérito. Recuerdo jugar a «pedradas». La idea era arrojarnos piedras los unos a los otros con la consigna de permanecer quietos, inmóviles, cuando el contrario te lanzaba la suya. Ganaba el «valiente» que no se movía. Más de una vez volví a casa chorreando sangre, con heridas en la cabeza, serio y circunspecto. Pero madre nunca vio lágrimas en mis ojos.

A padre no lo menciono porque no paraba nunca en casa, trabajando de sol a sol, de lunes a sábado, en la obra. Y el domingo misa y a casa, a seguir con la construcción solitaria e interminable de lo que sería mi primer hogar.

Por otro lado, la afectividad, las emociones, el lenguaje emocional, la expresión de los afectos no eran un valor añadido en aquellas aldeas. El amor se demostraba con los hechos. Trabajo, trabajo y más trabajo. En casa madre nos despertaba siempre a las 7 de la mañana, sábados y domingos incluidos. Y siempre había tarea.

Recuerdo a ambos, cualquier domingo por la noche, tan derrengados como embelesados, mirando a la casa, o a la huerta si era primavera o verano, con sonrisa de honda satisfacción, después de un día brutal de trabajo, y exclamando con deleite, sobre todo madre: «¡Qué labor hemos hecho!». ¡Un planazo de fin de semana, vamos!

En aquel ambiente y con aquellos mimbres, os imaginaréis que no había ni tiempo ni espacio para quejarse de nada. Pronto comprendí que, además de no llorar, tenía que aprender a resolver mis problemas por mi cuenta, sin ayuda externa. Y ahí incluyo angustias, miedos y demás terrores típicos y naturales en la infancia de todo niño.

Esta cruda realidad, unida a mi temperamento biológico, no especialmente sensitivo, constituyeron las bases de la forja de mi futura personalidad. Ante el dolor, apretar dientes y aguantar. Ante el miedo, desconectar emociones y afrontar. Ante cualquier problema, salir por donde se pudiera. Queja, ¡jamás! ¡Lágrima, desconocida!

No recuerdo recurrir a mis padres para contarles nada que me hubiese ocurrido en la escuela y menos aún lamentarme por ello. Os aseguro que en aquellas aldeas lo que hoy llamamos *bullying* era de una intensidad y de una calidad fuera de toda duda. Pero todo se quedaba dentro. No había nadie fuera para recoger mis zozobras, ni para abrazar mis miedos. Estaba yo conmigo mismo. ¡No había nadie más!

Con esto no estoy culpando en absoluto a mis progenitores. Dieron literalmente la vida por mí. Me salvaron de situaciones *in extremis* en tantas ocasiones, que ya perdí la cuenta. Me lo dieron todo, excepto abrazos. Era el prototipo del montañés, adaptados al medio a través de la epigenética que va modelando nuestros genes mediante enzimas y hormonas.

En estas condiciones, con estos padres, se desarrollaron las bases de mi yo, de mi personalidad. Crecí independiente, autosuficiente y, como no podía ser de otra manera, desconectado emocionalmente. En apariencia era valiente, no tenía miedo a nada y jamás mostraba emociones.

Imaginaros invierno, noche cerrada, un niño de seis años pasa al lado del campamento de los gitanos que acampan cerca de su casa, bastante alejada del pueblo. Obviamente tiene miedo, pero no lo sabe, no sabe lo que es el miedo. Aprieta los dientes, pero no el paso, haciendo como si no pasara nada. Yo era un experto en el aguante y la no emoción.

De igual manera aguantaba cuando el maestro nos hacía poner la mano, con la palma hacia arriba, para soltar el reglazo correspondiente. Aquella regla pesaba un quintal, era de madera maciza y te dejaba sin aliento del dolor. No digo que el maestro, «don Calvote» por más señas, disfrutara con aquel reglazo que nos dispensaba cada mañana, pero teniendo en cuenta la saña y que los reglazos eran aleatorios, uno pudiera pensar que un poco al menos, sí.

Deciros que mi mote en el pueblo era «el Caballo». Un apelativo así en un universo tan duro, define perfectamente cuál fue mi respuesta al medio.

Cuando me enfadaba me iba solo al monte, o me aislaba en mi habitación. Nadie percibió mi vulnerabilidad. El miedo, el enfado, la angustia, la tristeza iban siempre por dentro. Fuera, mirada dura y pocas tonterías. De alguna manera sentía que tenía que hacer frente a las cosas yo solo, sin ayuda de nadie. Y así lo hacía, me metía para dentro, y tiraba solo, siempre solo.

Mi vehículo se fue conformando en este ambiente y de esta manera. El mundo exterior, de entrada, siempre me resultaba hostil. Me costaba muchísimo intimar y era absolutamente reacio a mostrar mis emociones. Evitaba cualquier conflicto emocional por encima de todo.

Este perfil siempre ha resultado óptimo para la supervivencia, pero no tanto para las relaciones y el disfrute de la vida. Mi compañera de vida lo sufrió en carne propia. Cuando nos enfadábamos, ella necesitaba hablarlo, aclarar lo sucedido, mientras yo tenía que alejarme, poner distancia hasta calmarme. La sintonía era la excepción.

Cuando algo me molestaba, nunca evidenciaba queja ninguna, me enfurruñaba, en bucle conmigo mismo, en una rayadura infinita, pero sin que fuera se notara nada. Dicho llanamente, lo que no sufría por un lado (desconexión emocional), lo sufría por otro (dificultades relacionales).

El problema de desconectarse emocionalmente, de meterse dentro de uno mismo, de resolver solo es que luego, la vida tiene un componente básico, que son las relaciones. Amigos, pareja, compañeros de trabajo, de ocio, etc. Y claro, lo que no sufres por un lado, como digo, lo sufres por otro.

He vivido en mis propias carnes el miedo al compromiso y a las relaciones serias. Y mi pareja ha sufrido lamentablemente mi aparente frialdad y mi distancia emocional, expresada en ausencia de demostraciones afectivas. En cuanto me enamoraba mi cerebro empezaba a encontrar miles de defectos en la persona amada. Y no hablemos de mi angustia ante los «te quiero» o cualquier expresión que implicara un mínimo de sentimiento, ¡un suplicio!

Pero, como ocurrirá en cada rincón de este libro, repetiré que no estamos condenados a vivir eternamente las consecuencias de nuestra crianza, si esta ha sido complicada, o ha tenido otro tipo de traumas.

Hoy soy capaz de conectar, reconocer y expresar mis emociones a un nivel aceptable. Puedo mostrar mi vulnerabilidad y decir: «Te quiero». No siempre evito la cercanía emocional, en ocasiones incluso la busco, y no se me caen los anillos para pedir ayuda en caso de necesidad.

Es importante tener en mente esta idea a la hora de realizar este viaje. Nuestro vehículo está siempre en creación y en remodelación. Es una experiencia única que solo acaba al final del camino. Hasta el último momento estamos vivos y creciendo.

Rutas confusas

Los inicios de mi viaje fueron los que fueron. Quiero suponer que algunos os habréis visto identificados, pero que otros muchos no. A cada cual nos ha tocado nuestra odisea personal. Al igual que el prototipo, tampoco escogemos el itinerario de nuestros primeros pasos. Lamentarse por lo que ha sido o lo que me gustaría que hubiera sido y no es, es una absoluta pérdida de tiempo y no entender que es precisamente esta incertidumbre, o mejor dicho, la consciencia de esta incertidumbre, la que nos hace humanos.

El comienzo de mi viaje fue duro pero previsible. No siempre es así. A alguno de vosotros quizá os haya tocado en suerte un escenario más bien confuso, donde las cosas un día son de una manera y otras de otra, unos días desabridos, otros gozosos, a veces duros, otras suaves, en ocasiones ásperos, en otras tiernos.

Pongamos en marcha de nuevo la imaginación. Me gustaría que recreemos juntos un escenario, un hogar que incluya esta ambivalencia. Creo que lo mejor será que me inspire en la vida de alguna persona real, alguien que ha pasado por mi consulta y que ha vivido esta suerte de confusión.

Mujer, a la que llamaremos Concha, mediana edad, entorno urbano. Padre eternamente ausente, incluso físicamente, dado que viajaba muchísimo por trabajo, incluso a países lejanos. Madre muy trabajadora también y, ama de casa a la vez.

Ambos con poca disponibilidad para con su hija; además, cuando no trabajaban, el poco o mucho tiempo libre que tuvieran, era para las tapitas o el vinito en la tasca del barrio.

Salir con los amigos era tan importante en la vida de los padres de Concha que no sabían donde dejar a su hija cuando tocaba juerga. Y verbena hay casi a diario.

Finalmente, los dos, padre y madre, deciden que Concha quede a cargo de sus tías abuelas, no sé si de parte de padre o de madre, no lo recuerdo. Lo que sí recuerdo es que, a día de hoy, las tías son sus segundas por no decir primeras madres.

Los padres no se han ido a América precisamente; trabajan, socializan y pernoctan más bien cerca de la residencia de las tías, pero apenas tienen presencia en los primeros años de la vida de su hija. «Para que estuviera mejor atendida», dicen hoy sus progenitores.

Las figuras de apego, de seguridad para Concha son sus tías. Serán en su primera infancia lo más parecido a un hogar. Lamentablemente, los padres no habían desaparecido del todo. «¿Cómo puedes decir eso?», preguntaréis.

Porque ni estaban ni dejaban de estar. Aparecían de vez en cuando creando una enorme confusión en la mente de la niña. El cuidado, la atención venía de las tías, pero ella tenía también papás como los demás niños. Al menos eso parecía. O quizá no. Las cosas no estaban tan claras. Concha creció confundida, desorientada. «Para mí los padres eran mis tías», repite.

Cuando Concha tiene ya edad para acudir a la escuela primaria, los padres deciden recogerla de nuevo y traerla a casa. Hasta ese momento, había disfrutado del afecto incondicional de las tías abuelas y unas pequeñas pinceladas de cariño por parte de la figura de la madre, desdibujadas en cualquier caso por las prolongadas ausencias.

La madre hizo finalmente acto de presencia, asumiendo en teoría sus obligaciones y haciendo un hueco en su vida y en su casa a la hija querida. Suena bonito, lo sé, pero la realidad no lo fue tanto.

La presencia materna —la paterna ni se planteaba— siguió siendo inconsistente. La vida social de la pareja no pierde intensidad, y continuaron visitando los templos de Baco; tascas, restaurantes y juerga. Vermut, aperitivos, comidas y cenas a voluntad regadas con buen rioja. El alcohol como eje y vector de su vida en común.

Con todo, Concha conoció por fin lo que es una madre. Tenía incluso momentos tiernos con ella. Pero pronto descubrió que, de nuevo, muchas veces no estaba y otras sí, pero borracha. Una niña no sabe de alcohol ni de estados etílicos, pero percibe enseguida que la mamá está presente pero ausente a la vez.

Por todo ello nuestra buena mujer recuerda más momentos en compañía de sus padres en el bar que en casa.

No digo hogar porque aquella casa no gozaba del calor humano ni de la disponibilidad afectiva que a un hogar de verdad se le presupone.

En una ocasión, en terapia, realizamos una retrospección en busca de momentos cotidianos de su infancia que nos dieran pistas sobre el desarrollo de su personalidad. Concha cerró los ojos, se relajó y comenzamos el viaje. Apenas recordaba nada. Pasaron los minutos.

De pronto, levantó la mano y dijo:

—Me viene todo el rato lo mismo, pero no me parece importante.

—Todo es importante, amiga —respondí yo—. Adelante, describe lo más elaboradamente posible lo que estás viendo en estos momentos.

—Pues estoy en el bar. Bueno imagino que es el bar porque solo veo piernas. Soy pequeñita y solo veo piernas. Ah... y eso sí, siento que, de vez en cuando una mano me acaricia la cabeza.

Me quedé perplejo. ¿Os imagináis, tomando algo en el bar y ver a una mocosa rondando por ahí? ¿Quién de vosotros no le acariciaría el pelo en señal de afecto cada vez que pasara a vuestro lado? Y, por otro lado, ¿cuántas horas estaría nuestra pequeña Concha en aquellas cantinas sin brillo?

El mensaje que recibía la niña en aquel escenario era ambivalente. A veces la mamá la hacía sentirse vista y querida, hay que reconocerlo, pero otras no estaba o estaba «rara» (es decir, borracha). Y en los bares, todos los que le acariciaban la cabecita no tenían forma ni rostro.

La relación con sus padres, por consiguiente, era inestable y ambigua. La atención y el cuidado por parte de sus progenitores era inconsistente. Aquella niña no sabía qué hacer, si buscar la cercanía de la madre o desconfiar de su presencia.

¿Qué hacer cuando una madre es a veces cariñosa y atenta y otras distante o indiferente? En nuestro caso, esto último sucedía cuando mamá estaba sobria o bebida. El resultado es que las necesidades emocionales de aquella muchachita no siempre eran satisfechas como es debido, lo cual le generaba gran ansiedad, aunque ella no supiera entonces lo que era el alcohol y mucho menos la ansiedad.

Esta ambivalencia afectiva acabó por marcar la personalidad de Concha. Si pasaba desapercibida en casa, obviamente no podía ser culpa de la mamá. Las mamás siempre son buenas, así lo dicen todos los cuentos, los profesores y las otras mamás de los compañeros de cole. La culpa tenía que ser suya, ella no era suficientemente buena para la mamá. Crece, por tanto con lo que hoy llamamos autoestima baja.

Así llegó a mi consulta, con una dependencia emocional brutal. Concha se había pasado la adolescencia entera y su primera juventud buscando la aprobación y el afecto de los demás.

De hecho, para entonces Cupido ya había llamado a su puerta. Estaba tan enamorada como asustada. Celosa, temerosa de ser abandonada. La relación en vez de felicidad y ternura, traía consigo frustración y ansiedad.

«No es para tanto —diréis—. No es tan grave».

Puede ser, pero no pensaréis lo mismo si os digo que llegó a mi despacho cerca de los cuarenta sin haber tenido contacto con su «enamorado» desde los veinte años. Es más, las pocas veces que se lo cruzaba en el pueblo, el corazón le saltaba del pecho, le faltaba el aire, sudaba y se mareaba. Cambiaba de acera como podía y miraba para otro lado, rezando para que él no la hubiera visto. Terrible, ¿no os parece?

Esta dependencia emocional, ese miedo a experimentar el abandono, no son exclusiva de las relaciones de pareja. Lo mismo ocurre con amigos, conocidos e incluso compañeros de trabajo.

Tan pronto acabó sus estudios, Concha encontró trabajo cerca de casa. Esta búsqueda de atención y afecto la hizo extraordinariamente amable y cumplidora con las expectativas de los demás. Era la trabajadora perfecta, sumisa y cumplidora.

Su director percibió rápidamente estas características de su nueva empleada. Los empresarios avispados suelen tener esta habilidad perceptiva muy desarrollada y no se les escapa un «buen» trabajador. Muy pronto se convirtió en un padre para ella. El padre que no tuvo.

Esta figura paternal duró muchos años. Ella cumplía y el padre director correspondía. Buen sueldo y palabras amables. En ese tiempo, ya casada, comenzó terapia y las cosas parecían ir cuadrando por fin. Superó el amor imposible de la juventud y se estabilizó en un hogar donde era querida y que muy pronto es bendecido con dos hermosos niños y una, no menos hermosa, niña.

Concha estaba feliz. Esposa y madre. Amor por todas partes.

Pero la vida como os digo, a veces se escribe con renglones torcidos. Cuando menos lo esperaba, el paternal director se torció. Aún no sabemos por qué pero decidió despedirla. Quizá por la edad, quizá por dificultades económicas, quizá debido a algún vicio desconocido. El caso es que la dejó en la calle sin indemnización. El trato ya no era el de antes. Malas palabras, enfado. Recordatorios de «¡cuánto le debía!».

Lo más parecido a la traición de un padre. Durísimo para cualquiera, pero mucho más para alguien que ya ha saboreado el abandono de la figura paterna desde la infancia.

Resultado: Concha entró en shock. No le cabía en la cabeza lo que le estaba pasando. Devorada por la ansiedad, comenzaron los problemas de insomnio, las broncas en casa y la depresión asomó a su cabecita.

Volvió a la terapia. Derrotada, no quería luchar. Se abandonó. Poco a poco, sostenida por su compañero y empujada por su deber natural de madre entendió que había llegado su momento. El acompañamiento terapéutico dio fruto, se fue empoderando y comprendió que era el momento, estaba en la encrucijada más importante de su vida, sacó fuerzas de flaqueza y se lanzó a por todas.

Rompió poco a poco su dependencia emocional y comenzó con los hechos a valorarse a sí misma.

Siguió siendo cumplidora, íntegra y trabajadora. Recuperada la autoestima, se puso a trabajar por su cuenta, iniciando su propio negocio. Hoy disfruta con su proyecto empresarial, es respetada y aún no da crédito de toda la fuerza, la capacidad de lucha, la inteligencia y otras muchas cualidades que atesora.

Rutas sin sentido

Pero hay pistas de baile más comprometidas todavía. Rutas repletas de abismos y amenazas. Estos prototipos son los que yo llamo supervivientes puros y duros.

En estos casos los cuidadores no solo han mostrado ausencia de disponibilidad afectiva, sino que, en muchas ocasiones, han sido la parte agresora, maltratadora. Si la persona que te ha traído al mundo es la fuente del miedo o la agresión, si el padre o la madre, o cualesquiera que sean los cuidadores, son la causa de su terror, ¿cómo crecerá ese niño?

Esta ruta maldita exige mucho corazón y mucho estómago para poder compartirla entre todos, pero os imagino humanos, y en calidad de humanos, solidarios y valientes. Haced un esfuerzo y acompañadme en este empeño.

Vamos a inspirarnos de nuevo en un caso real. Varón, al que llamaremos Martín, profesional independiente, maduro y deportista. Él no entendía lo que le pasaba.

—¿Por qué, sin motivo aparente, cada vez que paro un

momento, siento una tristeza profunda que me arrastra y me anula? —se lamentó nada más sentarse en mi sofá.

Aunque, en realidad, motivos sí que tenía, y sobrados, como todos. Su matrimonio era cada vez más difícil, tenía problemas con los hijos, y unas relaciones complicadas con la familia más cercana. Como no podía ser de otra manera, buscaba la causa de su amargura en el sufrimiento que le rodeaba, del cual se hacía siempre el primer responsable.

Tuvo que pasar mucho tiempo antes de que se planteara que ese sufrimiento que le perseguía y le acongojaba no solo tenía que ver con los sinsabores cotidianos que le acechaban por doquier, sino que, tal vez, esa tristeza fuera una vieja compañera que viajaba a su lado desde el principio de los tiempos.

Todos en casa, mujer e hijos, sabían de sobra que Martín sufría con todo, sin entender nada.

—En cuanto entro por la puerta, mi compañera se enfada y no me habla. ¿Esto es normal?

»Mi hija está siempre triste. Dice que se siente sola. ¿Esto es normal?

»Mi hijo es un pasota, dice que este mundo le da asco, ¿Esto es normal?

»Hoy me he levantado con una presión en el pecho, un tic en el ojo y muchas ganas de llorar. ¿Esto es normal?

»¿O será que yo no soy normal?

Esta era su cantinela cotidiana, un día sí y otro también.

Durante un tiempo lo apodé: «Martín ¿esto es normal?». Todo lo que vivía dentro y fuera de casa y sobre todo la tristeza que sentía en lo más profundo de su corazón le parecían algo anormal, una patología extraña que solo le sucedía a él y a nadie más.

Sin embargo, a pesar de los pesares, mujer e hijos, cada uno con sus carencias, le querían de verdad y todos, por amor, se prestaban a colaborar en la terapia. Querían lo mejor para su padre y estaban más que dispuestos a echar una mano.

El proceso fue largo, pero poco a poco en un ambiente familiar se fue relajando y comenzó a atisbarse cierto equilibrio en el hogar. Martín, a su vez, se fue regulando emocionalmente y comenzó a afrontar la vida de una manera más lúcida. Estaba más sólido, más entero, y lo que antes le desbordaba en ese momento era capaz de lidiarlo con entereza.

En casa todos hacían un esfuerzo. Nadie es perfecto y cada uno tiene sus carencias, pero el amor lo puede todo. La esposa comenzó a acercarse de una manera más acogedora, sin exigencias ni malos modos. Un cariño de fondo, desconocido hasta entonces, empezó a envolver el hogar de nuestro Martín.

Pensaréis: «¡Qué bonito, ya está!».

Pues no, la cosa no era tan sencilla. Martín estaba más en paz con los que le querían y con los que convivía, eso era cierto. Pero, para su sorpresa, la tristeza de fondo persistía en su corazón. No se disipaba. No entendía nada y comenzó a desmoronarse de nuevo.

Es aquí donde dio comienzo su terapia de fondo, su proceso de sanación verdadera. En las siguientes sesiones acabó comprobando y aceptando que, tal vez, su tristeza, su angustia eterna, era anterior a hijos y esposa y que, quizá, merecía la pena indagar dentro de sí, más que afuera.

Asumiendo esta nueva realidad, comenzamos a tirar del hilo, a profundizar más allá de razonamientos convencionales. El trauma muchas veces hunde sus raíces en lo más tierno de nuestra infancia, no entiende de lógicas y sus heridas supuran de por vida.

Martín fue abandonado nada más nacer. Recién nacido fue dejado a cargo de unos parientes lejanos que, además, residían en otro país.

Hasta los nueve años creció en un lugar extraño. Extraño era el espacio y extraños los cuidadores. No había violencia pero sí ausencia de afecto explícito. En aquel paraje lejano Martín conoció los escasos momentos de afecto que recuerda de su infancia y adolescencia.

El afecto recibido fue claramente superado por el miedo percibido. Los recuerdos eran nebulosos y sin ligazón unos con otros. Lo que sí recordaba con claridad era que cuando el miedo le desbordaba, corría a esconderse en una especie de horno para hacer pan donde, curiosamente, se sentía seguro.

Cumplidos los nueve, apareció el padre y se lo llevó de vuelta a casa sin preguntar. Bueno, decir padre quizá sea mucho decir. Os presento a un hombre tremendamente violento, absolutamente promiscuo y carente por completo de emoción. Un narcisista psicópata de libro.

Su esposa, la madre, como no podía ser de otra manera al lado de semejante monstruo, se manejaba de manera totalmente complaciente, acompañando a su marido desequilibrado y silenciando sus locuras. Madre negación en estado puro.

La vuelta a la tierra natal, cual hijo pródigo forzado, resultó terrible. A pesar de su corta edad, se le adjudicaron un montón de responsabilidades en casa. Fue maltratado y golpeado. Apenas salía de casa, más allá de acudir a la escuela, en un lugar que no conocía, donde no dominaba ni la lengua, ni las costumbres.

No vamos a entrar en detalles porque no es el objetivo de este libro, solo comentar que la conducta de su padre siguió siendo errática, desconcertante y aterradora. Por motivos laborales, supuestamente, se expatriaron a un país del tercer mundo, donde residieron algunos años. La relación paterno filial continuó siendo demencial.

A medida que iba narrando su historia, al darse cuenta de mi dolor al escucharlo, Martín solía comentar con sorpresa: «¡Caramba, pues yo no creía que era para tanto!».

Tenía absolutamente normalizada esta locura de vida. Aquel pobre muchacho no conocía otra realidad, por lo que esa realidad se convirtió en normalidad. El mundo para el niño es el mundo en el que aterriza al nacer, punto. Si no conoce otros mundos, eso será lo «normal». E incluso conociendo mundos mejores le costará abandonar el suyo previamente «normalizado».

Muy jovencito, de nuevo en su país natal, Martín conoció a una chica, otra huérfana afectiva, con una madre enferma mental y un padre alcohólico. Eran el uno para el otro. Se enamoraron y ambos huyeron de su tierra, refugiándose en nuestro país, no muy lejos de lo que había sido para él lo más parecido a un hogar en su vida, la aldea de sus tíos.

Recientemente, Martín ha tenido conocimiento del fallecimiento de sus padres y su comentario ha sido el de costumbre: «Han muerto mis padres y no siento nada, ¿es normal?».

Estaréis conmigo en que es absolutamente normal que no sienta nada. De hecho, la cosa no ha quedado ahí. Hace no tanto descubrió que tiene un hermano. Vamos, ¡que le apareció un hermano de la nada! ¡Y con ello, sobrinos, claro! De pronto, la familia creció.

Bromeando afirmaba, dada la tremenda promiscuidad de su padre: «¡Cuántos hermanos más no tendré por ahí!». El deporte de aquel hombre era al parecer, hacer hijos y abandonarlos.

Martín se entregó en cuerpo y alma a la terapia. Su entrega y disponibilidad eran absolutas. Los frutos no tardaron en aparecer. En un caso de este calado, el problema fundamental es que no hay un yo sólido al que dirigirse.

Martín nunca fue visto, ni sentido, ni querido. Si no me ven, no existo. La única posibilidad de tener sensación de yo, es a través del otro. Del reconocimiento del otro, del amor del otro, de la atención del otro.

Muchos supervivientes como Martín se convierten en profesionales de éxito, porque, en la acción y en el reconocimiento profesional encuentran lo más parecido a la autoestima. Pero esta siempre será frágil. Nunca se encarnará del todo. El menor gesto de desaprobación del otro desbarata su endeble personalidad, hundiéndose de nuevo en la angustia del abandono.

La creación y la consolidación de un yo faltante en la edad adulta es un proceso largo que demanda muchísimo cariño y no menos paciencia para con uno mismo. Si además encuentro apoyo en el camino, en forma de amor y presencia consciente, como es el caso de Martín, las posibilidades de éxito se multiplican.

Para vuestra tranquilidad diré que hoy Martín ha hecho la paz con su tristeza y consigo mismo. Se encuentra sosegado, con ganas de vivir y de compartir el resto del camino con su compañera de vida. a la que sigue queriendo. Ambos se han sostenido el uno al otro a lo largo de toda una vida, primero torpemente por carencias de ambos, ahora admirablemente por un amor consciente bien entendido.

Siempre hay esperanza. Finalmente, si no desistimos, la vida termina por abrirse paso. Las oscuridades que atravesar, los padecimientos que soportar o las dificultades que superar son los hitos donde se curte nuestro ser, aderezados por el amor y la donación que siempre subyace en el fondo de todo ser humano. En ello radica el bello arte de vivir.

Hace muchas lunas, en uno de mis paseos melancólicos, en medio de la bruma, escribí estas líneas, que creo ilustran con decoro este viaje de Martín y los que como él hemos transitado por el «otro lado».

En la soledad pétrea
de abismos insondables,
un silencio sonoro mece mi alma,
entre reflejos de luna llena
y noche aterciopelada.

4

La autoescuela

El prototipo ya está listo para viajes más estimulantes. Aventuras apasionantes nos esperan en no sabemos dónde. La seguridad —a veces no tanta— del hogar sigue presente, pero se imponen las ganas de explorar más allá.

Multitud de prototipos, diferentes en fondo y forma, pero del mismo año de fabricación se encontrarán en autoescuelas de mil tipos y colores. Espacios expresamente diseñados para el estudio y la práctica de la conducción en toda clase de escenarios: conducción en seco, con lluvia, en montaña, sobre hielo.

Las reglas y habilidades del pilotaje humano son muchas y variadas y exigen años de formación con miles de horas de entrenamiento sobre el terreno, amén de innumerables pruebas de capacitación —sumamente exigentes, por cierto— hasta conseguir por fin la autorización definitiva para rodar solo por las autopistas de la vida.

Desde la base conocida de padres o cuidadores nos adentramos en el universo de nuestros iguales: la escuela. Lo único que realmente nos conecta a los unos con los otros en clase es la edad. Aunque la cultura y la clase social suelen ser igualmente determinantes a la hora de definir el tipo de alumnado que acude a un centro educativo determinado, siempre hay excepciones. Por ejemplo, la mía.

Nuevos copilotos entran en escena. A padres y cuidadores se les añaden figuras externas, cuya presencia será consustancial al desarrollo del niño hasta la primera juventud, con una influencia más que notable en la conformación de su yo adulto, muchas veces para bien, otras no tanto.

Instructores

Las figuras de maestro, profesor, educador e incluso guía espiritual aparecen de manera ininterrumpida a lo largo de nuestro periplo por la infancia y la adolescencia. Vienen de la mano de instituciones educativas o espirituales que nosotros no elegimos. Son nuestros cuidadores los que, en función de su cultura y sus creencias o no creencias eligen los lienzos sobre los que empezará a dibujarse nuestra realidad adulta.

Dedicaremos unas líneas a estos personajes, muchas veces olvidados, pero que, seguro, han marcado de alguna manera vuestra vida.

Sin olvidar por supuesto que la aparición de esta nueva figura, externa y novedosa no relega en ningún caso al núcleo original de cuidado, la familia o similar. Los enseñantes tienen una ascendencia enorme sobre el niño, para ellos alumno, pero el peso de los progenitores y otros cuidadores seguirá siendo determinante en el desarrollo biológico y psicológico del niño. Los niños se educan en casa y después la escuela complementa esa educación.

En cualquier caso, a menudo estos maestros entrarán de una manera u otra en nuestra vida y en nuestra mente permaneciendo para siempre en un rinconcito de estas. ¿Quién de vosotros no ha bromeado con los amigos, ya de adulto, sobre aquel profesor o profesora, con su apodo correspondiente y mítico entre los alumnos?

Aquí voy a ponerme serio. Creo que son figuras fundamentales en nuestro crecimiento, para bien o para mal.

Son tantas las horas que hemos pasado bajo su mirada y bebiendo de sus enseñanzas que algo, o más que algo, ha debido calar en el fondo.

Comenzaremos por decir que el magisterio, la enseñanza, son profesiones, a mi entender, absolutamente vocacionales. No creo que yerre al afirmar que la mayoría del profesorado desarrolla de una manera profesional y vocacional sus labores docentes. Si hacemos un repaso de los maestros y profesores que hemos tenido entre la primaria y la secundaria veremos que los mediocres son los menos. Pero, como ocurre siempre, nos quedamos con los errores y borramos los aciertos.

Casi todos hemos tenido ese maestro especial que nos hizo sentirnos vistos, al que por algún motivo le caímos bien o que simplemente congeniaba con nosotros. ¿Cuántos de vosotros habéis terminado estudiando historia, física, matemáticas, medicina o ingeniería por aquel profesor que vivía con tal pasión su asignatura que acabó por captaros para su causa?

Muchísimos, lo sé. Este tipo de docentes juegan un papel determinante en nuestra vida. En realidad, no es fácil saber lo que uno quiere, y menos en plena adolescencia. Pocos de nosotros tenemos claro al llegar al bachillerato lo que queremos ser de «mayores».

Hay casos singulares, como en todo. Recuerdo a Luis, hombre joven de la España profunda. A los seis años pidió a los Reyes Magos que le trajeran de regalo un cordero, ¡vivo! No os resultará difícil adivinar a qué se dedica profesionalmente. Al pastoreo por supuesto. Es un pastor de los pies a la cabeza.

Al parecer, no abundan los agraciados con la fortuna de saber lo que quieren en la vida. O quizá son más de los que pensamos, pero almacenan su vocación en el apartado de «sueños» de su mente y lo viven más como una quimera que como una posibilidad real de subsistencia.

Los cuidadores tienen mucho que ver en estos procesos. Generalmente, al menos en mi época, los padres animaban a los hijos a estudiar algo que tuviera salidas. Hoy esto se ha aligerado un tanto, pero me temo que esta tendencia paterna tardará en erradicarse del todo, si es que alguna vez sucede.

Aquí os quiero presentar a Blanca, a quien he tenido el gusto de conocer en plena madurez. Desde que tiene memoria se recuerda a sí misma dibujando. Todavía con dientes de leche ya pintaba de maravilla. No se veía haciendo otra cosa.

Sin embargo, llegó la adolescencia tardía y la hora de decidir. La sentencia familiar fue rotunda.

«Los pintores y los artistas se mueren de hambre. Tú vas a ser funcionaria, como tus padres».

No se habló más. Blanca estudió la misma licenciatura que su padre y se presentó, salvando las distancias temporales, a unas oposiciones del mismo corte que las de él.

¡Momento de apuesta! ¿Cómo creéis que se gana la vida nuestra querida amiga? Pues no, no es funcionaria. Hoy es una reconocida artista plástica. A trancas y barrancas, contra viento y marea, la pulsión vocacional acabó por imponerse. El pincel pudo con el derecho. El arte se impuso a la monotonía de la seguridad.

Pero a los claros siguen los oscuros, y viceversa. En todo rebaño hay una oveja negra y el mundo de la enseñanza no es una excepción.

¿Cuántos de vosotros os habéis topado con un profesor que os tenía manía? ¿O esa asignatura que se os atragantaba y el profe «ni caso»? Al igual que hay enseñantes referentes, los hay para olvidar.

Hablemos ahora del caso de Iker. Joven inteligente, empático y creativo. En los últimos años de primaria, una profesora se cebaba con él porque no paraba quieto en clase y estaba siempre en las nubes. En numerosas ocasiones lo calificaba de tonto delante de los compañeros y lo relegaba al grupo de clases de apoyo.

Los padres referían que era un niño despierto, capaz de congeniar con cualquiera y con interés por las cosas científicas más inesperadas, como el origen de la vida o la teoría del Big Bang. No entendían las causas del enfado de la profesora y sufrían porque su hijo pasaba muchos recreos castigado en clase.

La primaria fue un tormento para Iker, hasta el punto de sentirse inútil para el estudio. Al parecer, aquello que le entusiasmaba lo sorbía con fruición mientras era incapaz de estar quince minutos encima de un libro, cuyo contenido no le decía nada. Aquella profesora, con la mejor intención probablemente, no pudo interiorizar el tipo de niño y de cerebro que tenía delante. Literalmente, en sus propias palabras, ¡le sacaba de quicio!

Los padres siguieron creyendo en su hijo y tuvieron la paciencia suficiente para esperar el momento en el que Iker tuviera que definir su futuro, porque estaban convencidos de que en el momento en que encontrara aquello que realmente le gustaba, estudiaría con ilusión y llegaría lejos en su vida.

En secundaria la cosa mejoró un tanto. Había profesores que sí veían y validaban a aquel adolescente distinto, despierto y creativo a la vez, empático y deportista, inteligente de otra manera. Profesores como el de historia que conectaban con él de manera extraordinaria y, en general, todo el claustro lo acabó apoyando hasta completar el bachillerato.

La entrada en la universidad también tuvo sus momentos de luz y de sombras. Tras varios intentos fallidos, finalmente encontró su sitio. Hoy Iker cuenta con dos grados, uno de ellos precisamente Psicología. Estamos ante un psicólogo de enorme proyección que seguramente podrá ayudar mejor que nadie a tantos y tantos niños «diferentes» que han sufrido discriminación en la escolarización.

Podemos preguntarnos por qué no fue suficiente el acompañamiento y la aceptación familiar. Desde luego, esto es imprescindible y ha facilitado todo el proceso de Iker, pero en la adolescencia y primera juventud necesitamos y buscamos la validación del grupo, de alguien fuera del sistema familiar. La forma de validar el mensaje de casa es poner en duda las consignas familiares en busca de una identidad propia, diferente.

Contar, en estos casos, con un terapeuta que ofrezca una mirada en la misma dirección que la familia, refuerza y da una mayor valía a esta, de forma que el adolescente pueda poner en perspectiva las críticas externas y no ser engullido por ellas.

Hay casos aún peores, que a veces sobrepasan lo académico. No es lo habitual en ningún caso, pero como es algo que me ha sucedido a mí, siempre he intuido que también les habrá ocurrido a otros. Mis labores como psicoterapeuta han confirmado por desgracia esta sospecha.

Os voy a referir ahora una experiencia personal amarga y dolorosa a la vez. Mi mano no tiembla al compartirlo, mi escritura no se quiebra. Mi alma permanece serena y mi corazón en calma. No me empuja ni la angustia ni el odio, sino la compasión y el deseo de ayudar y reconocer a los que hayan pasado por lo mismo.

Rondando los ocho años, siendo alumno becado en un centro educativo de élite, me tocó en suerte como profesor de dibujo a un hermano religioso proveniente de la misma institución.

Aquel centro tenía por costumbre seleccionar a alumnos especialmente dotados, de centros menores, para becarlos e incorporarlos a su programa. Entre ellos estaba yo. Todos éramos de extracción humilde y la beca se mantenía o no en función de las notas obtenidas.

Empujado por mi madre yo me aplicaba a fondo, logrando siempre las mejores calificaciones. De sobresaliente o matrícula de honor no bajaba.

Con el dibujo lo tuve más complicado. Para llegar a sobresaliente, no era suficiente con hacer las tareas y realizar unos exámenes impecables. Aquel hermano solía exponer su obra, espantosos bodegones por cierto, en galerías de arte de la misma ciudad o alrededores. La matrícula de honor en su asignatura exigía una visita —al menos— a la exposición y la compra de alguno de sus cuadros. Mi madre así lo hizo y un horrendo bodegón aterrizó en nuestra casa.

Pero, no contento con eso, se suponía además que, en clase, cada vez que nos lo demandaba, debíamos acudir a su mesa y sentarnos en sus rodillas. Estábamos frente a toda la clase, pero ocultos por la mesa. En esa postura, mientras con una mano repasaba el dibujo que habíamos presentado, con la otra, sin el menor reparo, nos manoseaba los genitales por debajo del pantalón. La operación resultaba sencilla porque todos los niños de la época vestíamos pantalones cortos.

Yo era un niño y no entendía nada. Aquello duró un tiempo, pero no acabó ahí la cosa. En otras muchas ocasiones, me esperaba al final de clase y me llevaba de la mano a su cuarto, donde hacía de mí lo que quería. No voy a entrar en detalles porque no es lo más importante en este relato. Solo diré que yo no entendía nada, de pronto, en cuanto me cogía la mano, el tiempo se paraba y todo pasaba a cámara lenta, como si yo estuviera fuera de la realidad y aquello le estuviera pasando a otra persona.

No sé si fui el único «afortunado» en visitar aquellos inmundos aposentos, o si otros pasaron también por aquel calvario. Imagino que sí. El hecho es que aquello, como es fácil de entender, marcó mi infancia y mi desarrollo posterior de una manera innegable.

Con todo, a pesar de mi corta edad, yo sentía que algo no iba bien, que aquello era sucio sin saber bien por qué, y acabé contándolo en casa. Os aseguro que esto es muy inusual entre personas que han sufrido abusos en la infancia. Hoy trabajo con multitud de casos de este tipo y el silencio es la respuesta natural en prácticamente todas las víctimas.

Madre reaccionó valiente como siempre y pidió audiencia al rector del colegio. Allá fuimos los dos, una madre enrabietada y un niño ausente. El rector escuchó y aquel hermano desapareció. Hace no tanto descubrí, maravillas de Google, que ya dejó este mundo, no sé ni dónde, ni cuándo, ni cómo.

Curiosamente, aunque madre me defendió con firmeza frente a aquel monstruo, no debió relacionar las cosas del todo porque, muchos años después, a los pocos días de su fallecimiento, bastante reciente por cierto, rebuscando entre los trastos de la casa materna en el pueblo, encontré aquel bodegón horrible que compramos en su momento a aquel infausto profesor de dibujo, en aras de mantener mi matrícula de honor y, por ende, mi apreciada beca.

Madre debió de olvidar la conexión entre el bodegón y el profesor de dibujo porque si no aquel horrible lienzo hubiera sido arrojado a las llamas. Yo me encargué con gusto de ello. Con ceremonia, tomé el cuadro y le di fuego en una especie de ritual, liberándome de una sombra más de los avernos pasados.

En cualquier caso, doy fe en primera persona de que nuestro cerebro puede reprocesar e integrar cualquier experiencia humana por muy terrible que sea. Es un proceso que requiere tiempo, compresión e ir acompañado por miradas que nos ayudan a vernos más allá de lo que nos ha sucedido en la vida.

Para todos los que habéis pasado por experiencias similares, sabed que sin duda hay esperanza. Con acompañamiento psicoterapéutico, en caso de necesidad, con trabajo interior valiente, previa aceptación de lo que nos ha tocado vivir y sus consecuencias, aderezado de mucho cariño y compasión para con nosotros mismos, uno finalmente siempre vuelve a la vida.

Hermoso arte el de vivir.

Compañeros de tareas

Además de los instructores, la otra figura fundamental de este largo periodo de aprendizaje en la autoescuela es la de los compañeros de «fatigas». Cada uno de su padre y de su madre, pero todos listos para el salto a un mañana que nos espera al otro lado.

La adolescencia es la etapa clave en la consolidación de nuestra identidad como personas. Digamos que, en la infancia, se crea la base de nuestro yo y durante la pubertad le ponemos el «traje».

La gestación de una identidad propia, con lo que ello lleva consigo de autoestima y confianza en uno mismo, ocurre en la relación con los demás, primero con nuestros familiares y cuidadores y más tarde con nuestros iguales.

Se pondera en gran medida la influencia de la familia y la escuela en nuestro desarrollo, pero por escuela se sobrentiende educación, dejando en un segundo plano el impacto de la relación con los iguales y otros adultos con ascendencia en nuestra vida.

La socialización comienza en la primera infancia —cada vez se le está dando más importancia al apego entre iguales— y va a ser decisiva en la preadolescencia con los primeros conatos de formación de grupos, donde de alguna manera ponemos a prueba la imagen que hemos ido desarrollando de nosotros mismos, tanto en plazas y calles como en los centros educativos. El concepto «calle» incluye bajeras, *txokos*, garitos o cualquier otro lugar de refugio grupal adolescente.

El niño, ya casi un pequeño adulto, comienza a codearse con otros pares, a relacionarse a diferentes niveles con vecinos, compañeros de clase, colegas del deporte y otras faunas que hoy incluyen una multitud de compadres online en diferentes juegos virtuales y redes sociales.

En este universo de relación grupal, donde uno quiere hacerse un hueco y encajar en alguno de los grupos disponibles, se irá definiendo quién soy yo y cómo me sitúo frente a los demás. No deja de ser, en cierto modo, un juego de poder de filias y fobias. En la infancia ya se han ido conformando grupos, que se etiquetan los unos a los otros, a la vez que a sí mismos.

Hoy son las series y sus personajes los que marcan

tendencia y alumbran etiquetas que son lucidas con orgullo por los populares, mientras frikis, marginados, y otros «raritos», se debaten entre ser aceptados, o hacer estandarte de sus características diferenciadoras.

El gregarismo es inherente al ser humano. La tribu es lo que nos define. Ya sea mi tierra de origen o mi equipo de fútbol. El grupo de instagram o el youtuber que sigo. Los jóvenes no son la excepción, siendo los primeros en inventar todo tipo de tribus urbanas y tendencias estéticas que los diferencien de los «viejos».

En la entrada a la adolescencia el niño comienza a diferenciarse de sus padres, busca separarse para encontrar su identidad, que antes estaba ligada a sus cuidadores. Ya no es tan dependiente de la aceptación de sus progenitores, ya no los ve como «seres perfectos». El primer paso será destronarlos y poco a poco se irá colocando en una posición de igualdad.

En este juego yo soy popular solo porque hay otros que no lo son. No puedo ser popular sin contraste, sin comparativa. Y claro, si tiene que haber de todo, los que no llegan a ser aceptados en el grupo de los «buenos» cargarán durante mucho tiempo, toda la vida a veces, con la experiencia sentida del fracasado, no válido y demás atributos nada lisonjeros.

El rechazo social activa las mismas áreas del cerebro que el dolor físico. Terrible, ¿verdad?

En este contexto, la noción de *bullying* asoma a la cabecita rápidamente. Se dan las condiciones idóneas para que los populares hagan alarde de su prepotencia frente a los pobres marginados. En realidad, yo no recuerdo ningún curso en todo mi periplo escolar donde no fuera testigo de algún tipo de acoso escolar en mayor o menor grado.

Aquí mi ejemplo no sirve porque, aunque tenía bastantes boletos para ser marginado —chico pobre, de pueblo, becado en un colegio de gente adinerada— hubo otros factores que rompieron los pronósticos.

Nada más llegar al colegio de élite hice honor a mí a apodo de «el Caballo» del pueblo. Mi valor temerario, más bien inconsciente, mi capacidad de aguante y mi fobia a la injusticia hicieron el resto.

Al primer comentario de: «¿Tú qué dices, aldeano?» me liaba a mamporros, daba igual que el agresor fuera uno o cincuenta y uno.

Pronto corrió como la pólvora que Elcarte estaba loco, que se le iba la olla.

«¡Cuidado con él! ¡Es peligroso!, se escuchaba en el patio.

Las matrículas de honor no se reflejaban en la conducta. Menos mal que lo uno compensaba lo otro.

Todo afecta, y no puedo decir que aquello no hiciera mella en mí. De hecho, acrecentó mi rabia ante el abuso. Odiaba a los abusadores, lo cual, unido a mi conciencia de clase, hizo que desarrollara una especie de animadversión frente a la clase pudiente.

Con el tiempo, esta alerta refractaria frente al poderoso, teniendo en cuenta que estábamos en plena dictadura, desembocó en un fervor revolucionario descontrolado que tuvo consecuencias nada deseables.

Entiendo que los que tienen la fortuna de integrar las huestes de los populares de clase digan aquello de: «¡Son cosas de niños! ¡Ya lo creo que lo son!». Pero los rechazados no lo ven igual.

Son experimentos de socialización que dejan huellas de por vida. En muchas ocasiones, esas «cosas de niños» hacen que el adolescente no desarrolle la autoestima, que se vea a sí mismo como un ser humano fallido, un tonto inútil sin esperanza.

Rechazo

La historia de Francisco ilustra a la perfección esta realidad. Hombre, con negocio propio, padre con grandes dificultades para la conexión emocional, madre angustiada y sobreprotectora. Ya desde primaria recuerda sentirse diferente. Se sentía siempre observado, siempre juzgado. Quería ser normal, pero no sabía cómo hacerlo.

Buscaba consuelo en su madre y esta lo recibía con cariño, pero el dolor de su hijo le abrumaba tanto que no era capaz de recogerlo y tranquilizarlo. El padre no contaba en esta ecuación y, además, por si fuera poco, había una hermana en casa con problemas mucho más graves que los suyos, a ojos de la madre, lo cual acababa relegando el sufrimiento de Francisco a un segundo plano.

Finalmente, la familia decidió sacarlo del colegio donde cursaba sus estudios y matricularlo en otro, aparentemente más adecuado. La situación mejoró un poco pero la sensación de fondo persistía, se seguía sintiendo diferente y no visto.

Por desgracia, todo acabó quebrándose definitivamente al trasladarse la familia a un nuevo domicilio en un pequeño pueblo de otra comunidad. Era un mundo rural donde un niño de la capital resultaba un poco *rara avis*, lo cual propiciaba, casi de inmediato, la broma y la burla continua.

Ahora sí que hablamos de acoso con mayúscula, *Bullying* en toda regla. Se trataba de un espacio pequeño donde todo el mundo se conocía. No había escapatoria. No se podía ir a otro barrio. Todo el pueblo era terreno hostil. Cada vez que Francisco intentaba el menor acercamiento con los chicos del pueblo, salía rebotado, rechazado.

En poblaciones tan pequeñas no hay diferentes grupos de amigos, solo existen «los de mi quinta», grupos de supuestos amigos, que abarcan a todos los niños y niñas con una diferencia de edad de un par de años arriba o abajo.

Una vez más Francisco era rechazado, menospreciado. En el instante mismo del rechazo, se hacía pequeñito, se bloqueaba sin poder pensar; simplemente se encerraba en sí mismo, totalmente angustiado y se retiraba de la plaza o lugar donde se encontrara en ese momento.

Regresaba a casa dolorido y enrabietado. Ya había perdido el hábito de refugiarse en brazos de su madre, las palabras de consuelo ya no eran suficientes. Con la mirada perdida, rabia entre los dientes y congoja en el corazón, se retiraba a su cuarto, se aislaba del mundo. En aquel espacio cerrado se hacía «bicho bola», se tumbaba en la cama y gemía desconsolado.

Con el paso de las horas una sensación de soledad sobrecogedora inundaba su cuerpo y su alma. Se sentía solo en el mundo, a la vez que su mente proyectaba un bucle eterno de pensamientos negativos:

«Nadie me quiere».

«Nadie me acepta».

«Me voy a quedar solo para siempre».

«Algo debe funcionar mal en mí».

Y así hasta el infinito.

Este bucle se ha repetido una y mil veces a lo largo de su vida, primero en aquel pueblo perdido y después en otros lugares donde Francisco se ha ido estableciendo de forma provisional o definitiva. Obviamente, la activación era más intensa cada vez que Francisco visitaba el lugar donde se originó la herida, o se veía obligado a tener contacto con los causantes de la misma.

Curiosamente esta extrema dificultad relacional no se activaba en otros ambientes, ya fueran estos formativos o profesionales, donde era realmente un triunfador, con un negocio de éxito ampliamente reconocido en su sector.

Sin embargo, cuando hablamos de relaciones afectivas, sobre todo con sus iguales, el bucle se activaba *ipso facto* a la menor muestra de rechazo o no atención por parte del interlocutor de turno. A mayor intimidad afectiva, mayor activación de las sensaciones corporales y del bucle de pensamientos autodescalificantes.

Esto supuso constantes rupturas de amistades y de parejas, hasta llegar a un punto de no retorno donde Francisco se percibía a sí mismo como un hombre condenado a una eterna soledad sin fin.

Un día, finalmente, en terapia, nuestro querido amigo entiende al fin el contenido del bucle y las sensaciones corporales con las memorias tempranas donde experimentaba el dolor del rechazo. Comprendió que ese bucle aparentemente racional que se disparaba en su mente, ante la menor muestra de desatención, en cualquier tipo de relación afectiva, no tenía que ver realmente con lo que estaba viviendo en este momento, sino con lo que vivió en su primera infancia y sobre todo en aquel pueblo malquerido.

Gracias al acompañamiento terapéutico, Francisco hoy tiene la certeza de que cuando su cerebro percibe el menor signo de aparente rechazo o desinterés por parte de amigos, familia o pareja, el adulto se hace «pequeñito» y se convierte emocionalmente en aquel niño que fue rechazado y denostado.

A partir de ahí se sucede el bucle completo, bloqueo, rabia, interiorización, retirada, aislamiento y caída en el foso de la soledad sin remisión.

La comprensión, el darse cuenta de que eso no está sucediendo en el ahora, que solo es una reminiscencia corporal y cognitiva, lleva a la acción y con la acción se activa la valentía. Francisco es fuerte y valiente, si no no sería empresario.

Ahora cada vez que se siente no tenido en cuenta, en vez de hacerse diminuto, es capaz de sostenerse y expresar a la persona amigo o familiar que tiene enfrente lo que está sintiendo. Reinterpreta la experiencia, llevando la atención a indicadores que solía pasar por alto, y puede poner límites cuando los tiene que poner, aunque no resulten del agrado del otro.

Una y otra vez comprueba que lo que ocurría en el pueblo ya no sucede en ningún lado y menos entre sus seres cercanos y queridos. Estos escuchan sorprendidos sus miedos, le ayudan a relativizarlos, de forma y manera que aquel chiquillo, aquella parte emocional infantil, va madurando poco a poco. El bucle va perdiendo fuerza, el estado de ánimo mejora día a día y la autoestima crece sin pausa.

Ha costado aceptar el hecho de que, «saber lo que le pasa y saber por qué le pasa», no ha sido suficiente para para que desapareciera el malestar. Ha habido que entrenar respuestas diferentes a las respuestas automáticas frente al rechazo. Ha sido necesario un trabajo de exposición y desensibilización consciente y sistemático, para que aquel niño creciera. Hoy es el día en que Francisco ya no se hace pequeñito frente a nada y frente a nadie.

Comprensión terapéutica, sinceridad consigo mismo, tesón y valentía han obrado el milagro. Disfrutar de la experiencia de ser mirado con aceptación para poder aprender a mirarse con simpatía ha logrado que Francisco es por fin Francisco. Nunca perdió la esperanza y ha tenido su premio.

Agresión

A veces, el acoso escolar llega a extremos difíciles de creer. Tenemos ejemplos de ello todos los días en los medios de comunicación. Lamentablemente, hay ocasiones donde la saña con la que un grupo de jóvenes puede maltratar al compañero más débil, tímido o inseguro raya con el sadismo.

Este es el caso de Mireia. Joven, treintañera, sensitiva, creativa, artista plástica y sobre todo enamorada de la naturaleza. Hoy en día es bióloga, una auténtica erudita en todo lo relativo a la fauna y la flora. Escucharla describiendo cualquier especie, sea planta o animal, embelesa a una piedra. Un ser humano de corazón de los pies a la cabeza.

Mireia reside en una comunidad vecina en donde yo trabajo, por lo que acudir a sesiones presenciales resultaba pesado para ella y su familia. Siempre venía a mi despacho con un fular que cubría su rostro. Incapaz de mantener la mirada. Imposible conectar con ella. Huidiza, asustada, no sabía dónde poner las manos. Nos llevó varias sesiones establecer un contacto humano mínimo.

Poco a poco se fue sintiendo más segura en mi presencia hasta que se consolidó entre ambos un vínculo terapéutico sólido. Me confesó que no pudo estudiar en su día y que tampoco trabajaba, porque le pasaban cosas raras y perdía todos los trabajos.

Finalmente, sin entrar en detalles, dejó entrever que, en plena adolescencia sufrió un *bullying* terrible por parte de sus amigos más cercanos, chicas incluidas. El acoso no se limitó a maltratos y menosprecios, y llegó a agresiones físicas y amenazas a cualquier hora del día y de la noche.

Por si fuera poco, en el mismo periodo de tiempo del acoso, Mireia sufrió un intento de violación por un grupo de jóvenes a los que no vio la cara porque iban embozados. Sus gritos iniciales de petición de ayuda fueron escuchados por unos viandantes que se aproximaron a la carrera.

Los agresores escaparon como alma que lleva el diablo. Mireia fue recogida en estado semicatatónico. No tiene constancia de que los agresores fueran parte de los acosadores, porque no tiene pruebas y el recuerdo es brumoso. Pero internamente, no tiene la menor duda. Aquello terminó por apartarla del mundo de sus iguales, y se refugió definitivamente en su cuarto y en sus montañas.

No quise preguntar más porque los detalles no aportan nada a la terapia. Nos centramos en su vida, en cómo recuperar las ganas de vivir. Ella residía en la casa paterna, en una ciudad pequeña conectada con la alta montaña, y no realizaba actividad ninguna, más allá de vagabundear por los bosques en compañía de sus queridos animales y bienamadas plantas.

Poco a poco, le fui animando a descubrir sus intereses, a atenderlos y, ¿por qué no?, a estudiarlos, a graduarse. Así llegamos a su gusto y pasión por la biología. La confianza del terapeuta de que sería capaz fue un bonito acicate para ella.

Sabía que, si se ponía, no tendría problemas para aprobar porque, antes de ser sacada a golpes de la circulación, era una estudiante notable, con calificaciones más que decorosas, obtenidas sin gran esfuerzo.

Y aquí surgió la sorpresa. Para acudir al recinto universitario Mireia tenía que desplazarse de su villa natal a la capital. El reencuentro con el mundo estudiantil, aunque ella tuviera bastante más edad que sus compañeros de clase, activó con fuerza lo que ella llamaba «cosas raras».

De manera inopinada, cuando menos lo esperaba, estuviera donde estuviera, comenzaba a temblar hasta perder la consciencia. Esta pérdida de consciencia duraba a veces minutos, a veces horas, y durante la misma, Mireia se desplazaba inconsciente, en piloto automático literalmente.

Estas ausencias sucedían en cualquier momento o lugar, ya fuera caminando, en casa, en clase o hasta conduciendo.

Cuando volvía en sí misma, aparecía lejos del lugar del temblor inicial sin recordar absolutamente nada de lo acontecido durante el tiempo que había permanecido inconsciente. Podía aparecer en medio del río, vestida, empapada, como ha ocurrido alguna vez, o a decenas de kilómetros de casa dirigiéndose con el coche a algún sitio, como también ha sucedido en varias ocasiones.

Es lo que en psicología se llama fuga disociativa. La

persona se desplaza con aparente normalidad, guiada por una especie de piloto automático, hasta que finalmente despierta, sin razón aparente igualmente. Al despertar presenta una amnesia anterógrada completa sin recordar nada de nada. Imaginaros si esto sucede cuando una persona está aparcando y luego tiene que buscar, a veces durante horas, dónde ha estacionado el coche.

La disociación es una respuesta de supervivencia del sistema nervioso central cuando la persona afronta escenarios cercanos a la muerte o momentos tan aterradores como la tortura o una agresión con violación por ejemplo. Diríamos, por simplificar, que el cuerpo se desconecta de la emoción para sobrevivir. Por tanto, la disociación es una herramienta natural de supervivencia.

Ante las agresiones y vejaciones de aquel acoso tan despiadado, amén del terrible intento de violación, el cerebro de Mireia aprendió a desconectarse, borrando toda la experiencia vivida. De esta manera y no otra, pudo sobrevivir, y retomar su vida, a pesar de tanto padecimiento.

Con enorme tesón y valentía, nuestra querida y valiente amiga, fue avanzando en sus estudios, al mismo tiempo que cada vez se conocía más y más a sí misma y lo que le sucedía. Ello le permitió no desesperarse tanto cuando temblaba y perdía la consciencia, asumiendo con naturalidad que después no iba a poder acordarse de nada de lo sucedido.

Por increíble que parezca, consiguió terminar sus estudios con excelencia y fue validada y reconocida por todos los responsables de la institución universitaria. Todas y cada una de las personas que se cruzaron en su camino y fueron testigos de alguna de sus ausencias, ayudaron a Mireia de manera eficaz y desinteresada.

Una vez más, la constancia, la valentía, el tesón y la ayuda terapéutica dieron sus frutos. El grado en Biología impulsó a Mireia a cotas antes impensables. Fue contratada por una multinacional del sector, donde en la actualidad presta sus servicios con holgura y una más que razonable remuneración.

Nadie lo hubiera creído. Ni su familia ni ella misma, pero, como suele decirse, la realidad supera siempre a la ficción. Yo mismo aún me froto los ojos ante un milagro terapéutico de esta magnitud.

Las ausencias persisten en menor intensidad y cantidad, con la curiosa salvedad de que rara vez le ocurre en los desplazamientos por motivos laborales. Su trabajo actual le exige desplazarse desde su pequeña ciudad, y en muchas ocasiones tiene que pernoctar lejos de casa. Sin embargo, apartada y alejada de su domicilio, los episodios son mínimos.

Es al volver a su lugar de residencia, los fines de semana, cuando la incidencia de las fugas disociativas es mayor. Con lo que vamos aprendiendo en este viaje, imagino que asociaréis enseguida el porqué. La vuelta al lugar de los hechos, al espacio donde se produjeron las terribles agresiones y al contacto con los individuos que las ejecutaron, activa de inmediato la defensa disociativa.

A pesar del hándicap que supone la persistencia, aunque en menor grado, de las ausencias, Mireia ha salido adelante. Estaba muerta en vida y ha «resucitado». Hoy disfruta del cariño y la disponibilidad afectiva de personas, no pocas, que la quieren de corazón. Es un renacimiento completo. Siempre queda la esperanza. Rendirse no es una opción.

5

Permiso de conducir *on the road*

Ha llegado el momento. El piloto y el vehículo se funden, se hacen uno. Es un prodigio sin igual, cósmico, fantástico. Primero se concibe el chasis, el armazón y luego, lentamente, con mil y una ayudas de técnicos e instructores de todo tipo, el piloto va madurando, se va fusionando con el automóvil hasta disolverse en él. Ya no hay un piloto separado del vehículo.

Es entonces cuando pasamos las pruebas definitivas, el examen final de conducir. No somos llamados a la evaluación si cuidadores y demás expertos no nos ven suficientemente preparados. La inmensa mayoría pasamos el corte y somos bendecidos con el permiso de rodar con libertad por esas carreteras del mundo.

Por fin saltamos del nido y ¡a volar! El asfalto nos espera. A rodar. Para cuando nos damos cuenta ya estamos *on the road*. Sin mirar atrás. No hay tiempo para nostalgias, la aventura de la vida aguarda por nosotros. Solo nos queda rodar y rodar hasta el destino final.

Atrás quedaron el momento de la concepción, los meses de dulce bamboleo en el vientre materno, la salida a la luz, el pecho de mamá, los torpes intentos de caminar erguido, la mágica adquisición del lenguaje, los primeros pasos entre iguales, la aventura escolar, los nuevos amigos y los rebeldes sin causa.

Tantas y tantas vivencias, de todos los gustos y colores, tantos ánimos encendidos, tantos fracasos sin alma, tanta lucha, tanta porfía, tanta belleza y juvenil algarabía. No sé quién soy todavía. Pero no soy mi padre, ni mi madre. No soy nadie fuera de mí. Por tanto, lo que sea que soy, soy en mí.

Soy único, diferente. Tras un largo periplo, ya estoy doctorado en esta suerte de ensayo y error que es la existencia. Estoy preparado. No tengo aún la maestría, pero no me falta pericia. El resto lo dirá la vida.

El viaje previo ha sido dilatado, más de veinte años de desarrollo vital y cuatro capítulos de este libro. La ciencia considera que el cerebro humano sigue desarrollándose hasta aproximadamente los veintiocho años, en realidad no termina nunca. Todo lleva su tiempo, como veis.

Año arriba, año abajo, ya tenemos un yo y una identidad más o menos definida. Ya disfrutamos de una personalidad, una manera de pensar y de movernos en sociedad. Aunque no es algo absolutamente determinado. Las experiencias futuras irán puliendo, modelando esta identidad básica con la que iniciamos la exploración del mundo.

Ya hemos visto que el recorrido hasta aquí ha sido turbulento en muchas ocasiones, por lo que es lícito pensar que lo que tenemos por delante no será tampoco un camino de rosas. Nos encontraremos con todo tipo de situaciones, buenas, malas y regulares. Océanos de paz y avernos lacerantes. Gozos celestiales y tormentos infernales.

Nada está escrito. «Al andar se hace el camino», como decía Machado. La decisión está tomada, no hay opción. Podemos avanzar, quedarnos parados o retroceder, lo mismo da, el reloj ya está en marcha. Y todo es vida, el avance, el bloqueo o el repliegue. Cada elección tendrá su consecuencia. El dado está en el aire y solo puede caer al suelo.

Ya soy todo un personaje, tengo un nombre, una patria, un equipo de fútbol, un temperamento y una personalidad.

Con estos mimbres debo afrontar lo que venga. Para unas cosas estaré mejor preparado, para otras no tanto.

Es, de nuevo, la lotería cósmica, la lotería de las experiencias vividas y los aprendizajes realizados. Por norma general, no podré escoger lo que pasa, lo que me pasa. La existencia es pura incertidumbre y quien diga lo contrario miente. Sin embargo, paradójicamente, cada vez estamos más imbuidos en la idea de que podemos controlar el futuro, la realidad que nos rodea. Vivimos en esta especie de falacia de seguridad.

Tal es el progreso, tan increíbles son los desarrollos tecnológicos como la inteligencia artificial, la nano-computación, los viajes espaciales y demás, que terminamos por creernos omnipotentes, casi inmortales, cuando hace nada un elemento microscópico, un pequeño virus, nos ha tenido a todos, de norte a sur y de este a oeste, aterrados, con el alma en vilo. Pero se nos olvida enseguida.

Contratiempos

La vida está llena de contratiempos. Lo sabemos de sobra. Nadie lo pone en duda. Pero nos encantaría que todo fluyera según lo previsto, que nada se saliera del raíl. Hay personas que recuerdan el confinamiento por la Covid19 como una experiencia maravillosa.

—Fue fantástico, increíble, porque estaba todo el día encerrado en casa —comentó una tarde Teresa en una sesión.

—Y ¿qué tiene eso de fantástico? —pregunté yo.

—Pues todo —replicó—. Nadie podía entrar, yo no podía salir, la seguridad era completa —añadió—. Por primera vez estaba segura de que nada podía pasarme. ¡Qué tranquilidad!

Efectivamente, no pasaba nada. Nada de nada. Tranquilidad absoluta, perfectamente protegido en mi encierro hogareño. Es lo que yo llamo, con todo respeto, pero con profunda tristeza, «sarcófago domiciliario».

Para mí, si no ocurre nada, estamos muertos.

«¡Qué exagerado!», diréis.

Quizá, pero si no hay experiencia no hay vida. Afrontar los contratiempos tal y como vienen es una oportunidad maravillosa para crecer como persona. Así aprendimos a hablar, a caminar, a querer y a abrazar. Y así seguimos aprendiendo cada vez que tenemos que resolver un problema en la cotidianeidad de nuestra supervivencia.

Sin embargo, es cierto que cada uno afrontamos y resolvemos las contrariedades que nos salen al paso en función de las herramientas con las que nos ha dotado la vida.

Pongamos algún ejemplo real para ilustrar esta obviedad. Comenzaremos por las vivencias más ligeras, para rematar con las más intensas, como venimos haciendo hasta ahora.

Repliegue

Volvemos a Teresa. Mujer joven, en la treintena, de padre y madre hogareños y muy sobreprotectores.

Desde la más tierna infancia se recuerda a sí misma como una niña tímida, apocada, invisible. Se refugiaba en el estudio como tantos inseguros relacionales, con tendencias temperamentales en su sistema nervioso proclives a la inhibición.

En su etapa escolar consiguió cierta conexión con el grupo siempre desde su enorme habilidad para no estar nunca en el foco de atención. A pesar de su escasa disponibilidad para salir a jugar y socializar, era aceptada por el grupo, aunque siempre se mantenía en un segundo plano.

Así pasaron los años hasta el bachillerato, y este transcurrió sin apenas incidencias destacables a nivel social relacional. Lo más salido de tono que hacía Teresa era ir con un par de amigas al cine, cuando la película era buena.

La universidad no aportó ninguna novedad significativa. Estudiante notable, aplicada y eficaz. Correcta en las formas con los compañeros, evitando cualquier acercamiento con el sexo opuesto, que es lo que le aterraba de verdad.

Finalizada con nota la licenciatura, no le resultó complicado encontrar trabajo cerquita de casa. El empleo estaba hecho a su medida. Sus labores se hallaban perfectamente definidas, no exigían proactividad ni toma de decisiones. Nuestra amiga, ordenada, metódica, cumplidora y complaciente, se siente segura en un mundo previsible, sin lugar para la incertidumbre.

Desgraciadamente, la empresa quebró. Teresa se quedó sin trabajo. Los padres la acogieron como siempre con cariño y la protegieron como a una niña.

Pronto surgió otra oportunidad laboral. Teresa acudió entusiasmada. Pero en este caso la realidad fue completamente opuesta. La empresa era enormemente dinámica y competitiva. Una locura en crecimiento continuo. El puesto de trabajo exigía proactividad, toma de decisiones, dotes resolutivas y la capacidad de ver venir al enemigo a tiempo.

Teresa se encontraba perdida, no podía tolerar la falta de control y la incertidumbre. En toda su existencia jamás había tenido que tomar una decisión importante a bote pronto. Necesitaba su tiempo. La sensación de no control, de que la tierra se abría bajo sus pies acabó por quebrarla.

Ella era muy cumplidora, como os podéis imaginar, y resistió hasta que su estado anímico tocó fondo; fue entonces cuando se quebró y entró en depresión.

«Bueno —diréis—, volvería a casa para que sus padres la acogieran, como siempre».

Efectivamente, los padres la acogieron, pero no fue suficiente. Teresa ya estaba rota. El miedo había hecho mella en ella, el estrés continuo había quebrado su sistema de respuesta. Pero el temor no se circunscribía solo al trabajo, acabó transfiriéndose a otros aspectos de su vida. Desde la imagen, la autoestima, hasta la sexualidad. La familia entró en pánico.

Así llegó a consulta. En plena locura de pensamientos intrusivos, de bucles obsesivos intensos y recurrentes. Creía que se estaba volviendo loca porque no controlaba sus pensamientos.

La recibí con delicadeza. Ella no tardó en abrirse y hablarme de sus pensamientos obsesivos. Le pedí calma y tiempo. No fue fácil pero con paciencia, tesón y una enorme sinceridad en cada sesión, Teresa fue poco a poco recuperando la confianza en sí misma. Necesitaba relajar su sistema nervioso y aumentar su capacidad de regulación emocional, para poder acceder a otra imagen de sí misma.

Los pensamientos intrusivos fueron perdiendo fuerza. La sensación de volver a ser dueña de su mente le reconfortaba. Volvió a ser ella con todo lo que esto suponía realmente. Sin embargo, Teresa seguía recluida *in aeternum* en la casa paterna. Apenas salía a la calle. Se encontraba relajada y no se veía trabajando de nuevo.

Se sentía cómoda entre cuatro paredes donde no había sorpresas, no ocurría nada, protegida por sus progenitores, con una vida ordenada y con sensación absoluta de control. Su postura era completamente respetable. Nadie la había preparado para afrontar la incertidumbre en un entorno en constante cambio.

Era importante encontrar un ambiente laboral donde pudiera funcionar con sus características y no ser arrastrada al estrés continuo de nuevo. Ello requería formarse en alguna especialidad que le asegurara un trabajo metódico y parametrizable, lo más mecánico y menos espontáneo posible. Hoy tiene claro que existen puestos así, donde ella puede responder y rendir a alto nivel, como ya ocurrió en su primera empresa. Está animada y en el medio adecuado a su funcionamiento, yo le auguro éxito en su andadura profesional.

Conocerse es fundamental. Mi personaje es el que es, con sus excelencias y sus limitaciones. Teresa conoce las suyas, las acepta e intenta sacar el mejor partido de ellas, sin ir más allá de lo que le sobrepasa. Un turismo difícilmente se adapta a la jungla.

El arte de vivir es una opción personal. No hay fórmulas. Nada está escrito. Uno decide qué camino tomar y hasta dónde quiere llegar.

Tesón

Os presento a continuación la otra cara de la moneda. Elena, mujer, edad atemporal, hija de emigrantes, de familia humilde. Padre muy baqueteado por la vida, huraño en general y madre de apego preocupado y complaciente a todos los niveles.

Elena no ha pasado por mi consulta, creo que por ninguna, pero es alguien a quien conozco bien y representa para mí el mejor ejemplo de constancia, tesón y superación personal.

En la primera infancia se le detectó una pequeña lesión

cerebral de la cual se recuperó satisfactoriamente, aunque su coordinación motora quedó un tanto afectada. Nada importante.

Desde la primaria mostró una disposición especial por el estudio. Sus lápices y cuadernos bien ordenados, sus libros perfectamente forrados y aseados y su rincón de estudiar siempre listo.

Es el primer caso que conozco en el que los progenitores animan a un hijo a que no estudie tanto para que no sufra. El mundo al revés. Esta capacidad de esfuerzo tan precoz quizá estuviera relacionada con la lucha por sobrevivir a la que su cerebro estuvo abocado desde el primer aliento de vida, a vueltas con la lesión cerebral. El hecho es que hasta hoy no ha dejado jamás de estudiar y de superarse a sí misma. Y ya no es una niña.

Enormemente perceptiva, nada diestra en el deporte o cualquier otra actividad física debido a la falta de coordinación, suple estas carencias con una vida interior muy rica y unas ganas extraordinarias por aprender.

Contracorriente en todo momento, tanto familiar como socialmente, rompió todos los esquemas y llegó sobrada a la universidad, siempre con gran esfuerzo, como esa hormiguita que sigue a lo suyo, trabajando sin que nadie se dé cuenta.

Sensitiva, perceptiva como digo, muy espiritual, creció con la inseguridad de quien no es validado en casa, que no puede competir a fuerza en la calle y que no está en la onda del momento en lo social. Se desorientaba con gran facilidad, sintiéndose perdida muchas veces, literalmente, en el medio de la nada.

Siempre contra o al margen de la opinión general, Elena siguió pasito a pasito hasta ganarse el respeto, primero de la familia, después de amigos y compañeros de trabajo y finalmente de lo más renombrado de su campo profesional.

Su vida no ha sido fácil tampoco en la edad adulta, con multitud de cambios, sinsabores y decepciones, a cual mayor. No es necesario entrar en detalle porque, en el caso de Elena, cuanto mayor es la dificultad, mayor es su determinación para seguir adelante. No se rinde jamás.

Desde pequeña tuvo clara su pasión, los niños. Y a ellos dedica su vida. Primero como madre, ejemplar como no podía ser de otra manera, y después como profesional.

Este ejemplo de tesón y superación nos muestra una persona que nace, con aparentes limitaciones pero que nunca se rinde, que lucha y sigue, que es fiel a su sentir y no se deja arrastrar ni obnubilar por los cantos de sirena.

Aunque por fuera no dé esa impresión, dada su dulzura, Elena es una mujer fuerte, fuera de lo común, un ser humano sólido, profundo, espiritual, extraordinario a todos los niveles, un ejemplo a seguir. Tesón en estado puro.

Creer en uno mismo tiene premio, aunque partamos en desventaja. Nuestra querida amiga logró respetar, valorar y rescatar de sí misma las cualidades que nadie observaba y las convirtió en recursos

El cerebro y la mente pueden crecer y desarrollarse hasta el infinito, si uno se hace amigo de su potencial y encuentra la forma de no limitarse por la visión de los demás, aunque sea protectora. Elena ha contado a lo largo de su vida con personas que en su mirada le transmitían orgullo, «creo en ti», «tú puedes».

No hay límite para el desarrollo personal. No hay mejor ejemplo de nuestro bello arte de vivir.

Resiliencia

Nos adentramos en terrenos más delicados. Aquellos donde el sufrimiento es especialmente lacerante y exige recursos extremos de supervivencia. Creo que el arte de vivir debe incluir toda realidad humana, sin descartar nada.

El sufrimiento está más presente entre nosotros de lo que muchos creen. Cualquiera que pase a vuestro lado por la calle puede albergar en su corazón una enfermedad grave, una pérdida dolorosa, o tal vez traumas o padecimientos de tal magnitud que os sorprenderían.

Y dado que hablamos de padecimientos, no necesito ir muy lejos en busca de ejemplos. Me basto solo.

Relato a continuación mi entrada en la vida adulta, un tanto extrema lo sé, con la esperanza de transmitir «esperanza» a aquellos que han transitado penumbras similares.

En mis años de bachillerato vivíamos inmersos en plena efervescencia de la lucha contra el franquismo. Los altercados en la calle, las huelgas, las movilizaciones, los choques con la policía eran el pan nuestro de cada día, al menos en mi comunidad. Había un fervor contagioso que prendía fácil en las carnes de los jóvenes de mi época.

Estábamos en los últimos estertores de una larga dictadura, que como suele ocurrir en estos casos, daba sus últimos coletazos y algunos de ellos fueron especialmente duros y me tocaron de cerca. Recordemos por nombrar uno, el fusilamiento de cinco hombres en septiembre de 1975.

Si a ello añadimos mi historia previa de abuso en el colegio y supervivencia en la montaña, digamos que no estaba muy contento con la vida, a partir de lo cual es fácil deducir por qué entré de lleno en aquel fervor revolucionario. Encontré una causa por la que luchar y, como comprendí más adelante, una manera de canalizar mi rabia y mi resentimiento.

Cada uno es como es, lo han parido como lo han parido y se ha hecho como se ha hecho. Yo era fuerte, reactivo, estaba herido y era muy compulsivo. Aquel escenario de lucha y convulsión era gasolina para mi fuego.

No entraré en detalles porque es otro tiempo y yo, en realidad, no tuve significación política ninguna. Pero sí era temerario, insensatamente osado, supuestamente valiente y bastante desquiciado.

Acabé tiroteado, herido, detenido, torturado y encerrado en prisión. Todo en un abrir y cerrar de ojos. Para cuando me di cuenta, había, o eso creía entonces, hipotecado mi vida para siempre.

La dictadura se resquebrajaba por momentos y la democracia asomaba en el horizonte. Todo el mundo se fue recolocando ante la nueva realidad.

Mi primer aterrizaje en la realidad de los «mayores» resultó un tanto agitado por decir algo. Recién estrenada la veintena, mientras mis amigos estaban en la universidad, yo me encontraba en otra universidad, solo que la mía no tenía ninguna «salida».

Las huelgas de hambre se convierten en ayunos sanadores para mí y las celdas de aislamiento en retiros de la meditación. Aprendí y practiqué las artes meditativas que hoy llamaríamos *mindfulness*, comí poco y sano, tal y como predican en la actualidad los nutricionistas de postín, e inicié un camino de autoconocimiento que un día, para mi sorpresa, me llevaría a la psicología.

En pocas líneas, podríamos decir que la desconexión emocional que ya traía de serie, desde la infancia, se tornó bruma disociativa frente a eventos cercanos a la muerte y otros escenarios de miedo, más cercanos al terror.

Me ocurría lo mismo que a Mireia y sus fugas disociativas, aunque en mi caso, la desconexión del entorno aparecía sin pérdida de memoria. Ante el dolor y la falta de control, mi sistema nervioso había aprendido a desconectarse de las sensaciones y de las emociones.

Durante el abuso en la infancia, en el tiroteo, en la tortura o en otros momentos duros de mi vida, mi sistema nervioso se desconectaba, entraba en *slow motion*, en cámara lenta, en una especie de bruma, de letargo indolente, donde no había miedo ni emoción ninguna.

Todo esto lo comprendí mucho más tarde cuando indagué en el mundo de la mente y llegué a las terapias centradas en el trauma. Muchos estados que yo había vivido, más o menos conscientemente, cobraron sentido cuando desde la psicología pude poner nombre y razón a lo vivido.

Creo que mi base de montañés, unida a las experiencias traumáticas en la infancia, amén del ejemplo de resistencia a la muerte de mis progenitores, hicieron de mí un hombre resiliente. Resiliente a nivel físico en primera instancia, para ir desarrollando después, con el tiempo, cierta resiliencia emocional. Sin esos cimientos probablemente hoy no estaría escribiendo estas líneas.

Mi vida ha estado jalonada de multitud de situaciones adversas, muchas sin retorno aparente. Sin embargo, jamás me he rendido —la resiliencia es precisamente no rendirse a la fatalidad—, siempre he ido de frente al problema, con mucho ardor y poca queja. He superado innumerables obstáculos y aprendido de experiencias extremas. Y estoy plenamente convencido de que he salido fortalecido de todos ellas.

Esto no quiere decir, para nada, que no haya sufrido, que no haya estado muerto de miedo en más de una ocasión. El empuje interior, encontrar personas que me acompañaron y vieron en mí más allá del Caballo montañés, seres que me acercaron a la meditación budista en su momento y al *mindfulness* en la actualidad, fueron claves para sostenerme entre tanta angustia y tanta soledad, sin perder del todo el equilibrio emocional y las ganas de vivir.

Es curioso pensar que aquella salida del nido tan accidentada, que casi me cuesta la vida antes de empezar, haya sido la oportunidad de poder pararme a reflexionar con todo el tiempo y toda la calma del mundo, sobre los porqués de la vida y sobre la incierta seguridad de la muerte.

Digamos que toqué fondo antes de tiempo. Sin embargo, pronto acepté mis errores y sus consecuencias, lo cual me dio sosiego para rehacerme con calma, mirar la realidad, mi realidad, tal cual era, aceptarla y madurar como ser humano, por pura necesidad.

No borro mis errores. Sería rechazar el camino que me ha llevado a ser quien soy. Eso no significa que no haya cosas que reparar y mi profesión me permite, en la medida que acompaño y ayudo a otros, restaurar en cierto modo los daños que haya podido causar.

Y en la medida que acepto mi andadura, me puedo ver de una manera más completa, que es la que corresponde a quien soy en el momento actual. Quizá he sido aventurero y guerrillero, hoy sigo en plena aventura, en la exploración de mí mismo y mi mejor arma es mirar con simpatía, tanto a mi persona como a los que me rodean.

El arte de vivir se expresa hasta en los sótanos más oscuros, en los infiernos más abyectos. El mensaje de esperanza que os remito en estos momentos nace del corazón de alguien que ha conocido la desesperación y la soledad más absoluta, el dolor y el abandono, pero que siguió caminando y no renuncia al hecho de estar vivo.

Mientras respiras, me suele decir un compañero de fatigas al que quiero mucho, estás en ruta, *on the road*. Las personas resilientes tenemos un carril privilegiado en la autopista del corazón. Aquellos de vosotros que resonáis con esta parte de mi historia, no cejéis en el empeño; aceptación, sí, pero aceptación no es resignación. No te dejes vencer por la adversidad. Lucha siempre hasta el final.

Seguimos adelante. Seguimos en la pelea. Seguimos enteros, sólidos y dispuestos. Somos hermosos ejemplos del bello arte de vivir.

6

Accidentes

Ya estamos en pleno viaje. Con el coche que nos ha tocado de serie más todas las modificaciones posteriores. Es un viaje incierto, pero con final asegurado. Es la única certeza de este recorrido, ¡que se acaba sí o sí!

Pero como bien decía uno de mis maestros: «Vamos a morir un día, de eso no hay duda».

Para acto seguido añadir: «Pero tampoco hay que tener prisa».

Es un trayecto por tanto desconocido, no sabemos cuánto dura ni qué parajes nos esperan en el camino. Solo sabemos que, antes o después, llega a su fin.

Corta o larga, la travesía es obligada y llena de imprevistos, algunos gozosos otros dolorosos. El arte subyace en la habilidad de sortear los contratiempos aprendiendo de los mismos y en saborear los buenos tiempos con deleite y con fruición. Crecer en la dificultad y gozar en la bonanza.

Aun con todo, muchas veces, la realidad nos sobrepasa. La carretera es peligrosa y se producen accidentes. Accidentes en el sentido pleno de la palabra. No entran en esta categoría quedarse sin gasolina o pinchar a medio camino sin mayores consecuencias. Hablamos de accidentes donde el coche queda casi inservible o en los que la grúa tiene que emplearse a fondo.

No siempre y no todos podemos con todo. Pocas personas son capaces de superar sin ayuda un maltrato prolongado como el de la violencia de género, o de recuperarse por sí mismas de una agresión con violación. Muchos afectados por la tragedia de violencia seguirán en shock pasado mucho tiempo. ¿Quién vuelve sin más a la normalidad tras la pérdida de un hijo? ¿Quién no se viene abajo cuando lo pierde todo y queda prácticamente en la indigencia?

Cuando nuestro vehículo sufre un accidente de este tipo, o agresiones continuas durante el desarrollo, cuando nuestro sistema, cuerpo, emoción y mente, se ve desbordado por un suceso devastador o por una etapa de vida tan perniciosa y desgastante que acaba por romperse,

¿qué podemos hacer? ¿Cómo afrontar una situación tan espantosa?

En realidad, contamos con recursos internos y externos para superar lo insuperable. Si nada sucede, enhorabuena. Aunque con poco riego, nada crece. Pero es tan imposible que nada suceda como decir que nunca vamos a enfermar o morir.

Los contratiempos son inevitables, como la vejez y el deceso. Son el gimnasio de la vida, en el que nos curtimos y nos desarrollamos.

Los accidentes también, aunque idealicemos lo contrario.

«A mí nunca me ha pasado nada», suele decirse.

«No lo digas muy alto», responde más de uno.

Los accidentes, los traumas, la adversidad, por tanto, son parte de la vida. Enumerar los posibles eventos traumáticos es absurdo porque la lista sería infinita y no es el objetivo de estas páginas.

La razón de compartir este libro es el arte de afrontar la vida, y cuando hablamos de heridas traumáticas, es importante resaltar que el trauma no viene marcado por lo que sucede, sino por cómo manejamos lo que nos sucede.

Este manejo será más o menos funcional en función de

los recursos con los que contemos y que hemos ido desarrollando a lo largo de nuestra vida.

En la infancia, de hecho, dependemos de los recursos de nuestros padres y es en la interacción con ellos donde aprendemos a afrontar la vida, a confiar en nosotros mismos y en los demás, o justamente lo contrario.

El recurso más importante es el «arte» de regular los estados y va a depender sobre todo de cómo los padres nos regulan, nos calman en la infancia.

El desarrollo de este arte regulatorio requiere conocer las reacciones automáticas e inconscientes de mi sistema ante situaciones desbordantes y abrumadoras, tanto a nivel vital como humano.

Recordando en todo momento, como hemos mencionado antes, que no estamos preparados para todo. Somos personas y por tanto vulnerables. Por ello, no es deshonra ni debilidad, si nos quebramos ante experiencias aterradoras, terribles e inhumanas, o nos agotamos en el desgaste diario de un estrés continuo y abrumador.

Os invito a explorar conmigo, a descubrir y preguntaros, a intentar entender cuáles son los sistemas que han colapsado o han generado la avería que nos ha llevado a la desesperanza y a la desorientación.

Supervivencia

Es importante comprender que las estrategias de afrontamiento y regulación, son reacciones y aprendizajes naturales de nuestro sistema nervioso central ante experiencias traumáticas. Podríamos afirmar que, en el fondo, son un mecanismo de protección ante aquello que no podemos manejar.

Se han ido perpetuando en el tiempo y han terminado generando un automatismo. Son respuestas automáticas e inconscientes. No interviene la voluntad ni la razón.

El evento resulta tan devastador que no da tiempo a pensar y nuestro cerebro activa la alarma general por peligro letal. Los síntomas secundarios a esta activación son generalmente muy desagradables.

Dicho de otra forma, tenemos que ser capaces de reconocer esa respuesta automática, adaptativa en principio porque nos ayudó a sobrevivir, pero disfuncional en el fondo, porque se activará cada vez que mi sistema se tope con cualquier situación que le recuerde el momento de la amenaza.

Es lo que se conoce como estrés postraumático, un conocido trastorno de ansiedad generado como reacción a una lesión física o a un sufrimiento mental o emocional grave. Todos hemos manejado alguna vez este concepto en nuestra vida.

Seguro que lo asociáis enseguida a guerras, accidentes graves, abuso físico o sexual, violencia de género, pérdida súbita de un ser querido, secuestros y un largo etcétera.

Y seguro que muchos habréis oído hablar de los *flashbacks* como síntoma más común en los casos de estrés postraumático, donde la persona revive mentalmente el acontecimiento traumático una y otra vez, acompañado muchas veces de síntomas físicos como palpitaciones o sudoración.

Y para nada os sorprenderá saber que la persona afectada tendrá recuerdos o sueños recurrentes relacionados con el acontecimiento, además de pensamientos angustiantes y signos evidentes de estrés.

El estrés postraumático es un accidente realmente grave. Un trauma con T grande, TRAUMA con mayúsculas. Nadie pone en duda el impacto de un evento de este tipo en el vehículo.

Sin embargo, no olvidéis que, aunque son experiencias absolutamente desoladoras, no todos los que sufrimos una de estas situaciones desarrollamos Trastorno de Estrés Postraumático. Cada persona es diferente, y ha vivido experiencias diferentes. Por ejemplo, si la calidad de las relaciones y de mi apego en la infancia ha sido segura, la contención que me brindaron mis cuidadores funciona como un manto protector cuando llegan los momentos duros.

Ilustraremos este apartado con el caso de Begoña, sin entrar en muchos detalles, porque estas experiencias se explican por sí mismas.

Víctima de una agresión brutal a los veinte años, diez años después seguía reviviendo aquella terrible experiencia cada vez que pisaba un descampado. Lo mismo ocurría en los sueños con pesadillas recurrentes o visionando cualquier serie o película que rozara el tema.

Absolutamente traumatizada tantos años después, seguía evitando recordar los hechos, con lo cual, estos cobraban cada vez más fuerza, amén de presentar una hipersensibilidad emocional a flor de piel que solo sobrellevaba a base de ansiolíticos y alcohol, cuando no los dos a la vez.

El acompañamiento terapéutico en estos casos lleva su tiempo. Primero es necesario un periodo, a veces largo, de estabilización.

En el estrés postraumático comprender no es suficiente. Más allá de la comprensión, uno tiene que liberarse de la cadena de respuestas automáticas que se activan de improviso, cuando menos se lo espera, en cualquier momento o lugar, como si el evento traumático estuviera realmente sucediendo de nuevo.

Hay enfoques terapéuticos específicamente diseñados para el procesamiento de las experiencias traumáticas. Uno de ellos, concretamente EMDR, es el que se utilizó en este caso. El resultado fue positivo. Los *flashbacks* desaparecieron y el miedo a descampados y sitios abiertos remitió casi por completo.

Aunque he preferido no profundizar en el caso de Begoña, por razones obvias, sé que hay muchas Begoñas. Quizá más de uno de vosotros, que estáis leyendo estas líneas habéis resonado con ella.

Si tenéis un momento, qué os parece si os sentáis en un espacio cómodo, respiramos unos instantes con calma y repasamos juntos nuestra propia experiencia.

«¿He experimentado alguna vez un *flashback*?».

«¿Me suele venir a la cabeza, de forma recurrente, algún acontecimiento doloroso o traumático?».

«¿Suelo tener pesadillas repetidas y me despierto sudando y con palpitaciones?».

«¿Tengo pensamientos angustiantes con frecuencia, sin causa aparente?».

Averías

La respuesta de estrés postraumático es desgarradora, pero comprensible en cierto modo para el común de los mortales. Otras respuestas, sin embargo, en apariencia menos devastadoras resultan a veces más difíciles de detectar y de digerir.

Hablamos de los traumas con «t» pequeña, trauma con minúscula. Parece algo más suave. No suena tan terrible, ¿verdad? No está tan clara la cosa.

Aunque los accidentes son más espectaculares, terroríficos muchas veces, lo cierto es que con el tiempo, el automóvil sufre una y mil averías, no tan graves aparentemente como un accidente demoledor, pero mucho más abundantes, persistentes e insidiosas. Uno va al taller mucho más a menudo por averías comunes que por accidentes concretos. Seguro que vuestra experiencia es parecida.

En general, las averías no tienen tanto que ver con la conducción en sí misma —aunque si alguien, como es mi caso, choca en todos los bordillos acabará por estropear los neumáticos—, sino más bien con el cuidado y mantenimiento del vehículo. No forzarlo, no llevarlo en tercera revolucionado, no acelerar y frenar bruscamente, ponerlo a punto cuando sea necesario, utilizar el combustible más adecuado, usar anticongelante, etc., son requisitos básicos para un buen mantenimiento del vehículo.

Vamos a repasar a continuación algunas rutinas, rutinas cotidianas mal entendidas y peor ejecutadas, que acaban dañando nuestro sistema nervioso, inmunológico y endocrino.

El bello arte de vivir comienza con una manera sana de vivir, donde incluimos la alimentación, el sueño, mis obligaciones laborales, mi entorno social, una familia más o menos estructurada y cómo me relaciono con todo lo que rodea mi existencia.

Si somos sinceros, y sé que vosotros lo sois, estaréis conmigo en que lo que define hoy nuestro día a día es el estrés. Fatídica realidad del mundo que está perdiendo el norte. Vivimos acelerados, constreñidos, exigidos, en alerta constante. Nuestro cerebro no descansa y os informo que es el músculo que más consume, sobre todo, glucosa.

Solo pesa un kilo y medio, lo cual representa un 2 por ciento de nuestro peso corporal, pero utiliza un 20 por ciento de la energía que consumimos. Es decir, cada día, el cerebro gasta aproximadamente veinte watios, el gasto de una bombilla de bajo consumo. Con esto está dicho todo.

Habrá que dedicarle una atención y un cuidado especiales digo yo.

Ya os veo algunos inquietos en el sofá. Qué fácil es hablar de alimentación sana, cuando hay personas que no pueden acceder a los mínimos necesarios para la supervivencia, ¿verdad?

No os falta razón. Todos hemos soñado con tener una economía suficientemente desahogada, que nos permita disfrutar de una comida sana y orgánica, vivir en un entorno natural y saludable con oxígeno limpio y paseos al lado del mar, trabajar en algo que se nos dé bien, que encaje con nuestra vocación y esté bien remunerado y, por si fuera poco, contar con amigos por doquier, igualmente adinerados, con familias estables y bañadas en amor.

Sí, lo sé, acabo de describir una película pastel de Disney. Maravillosa por ideal, pero absolutamente alejada de la realidad. Por gracia o por desgracia, la supervivencia implica enormes esfuerzos y sacrificios de todo tipo. ¿Cuántos pueden comer lo que les gusta, trabajar a capricho, vivir en un lugar de ensueño y con la pareja perfecta? Poquísimos, si es que existe alguien así. Incluso los muy ricos no suelen tener tanta suerte.

Bajemos a la realidad de nuevo porque el bello arte

de vivir, no me cansaré de repetirlo, parte precisamente de esta premisa, la aceptación de una realidad que es cualquier cosa menos paradisiaca, excepto en las películas, mejor dicho, en algunas películas.

No somos dioses, y por tanto, somos vulnerables física y mentalmente. Envejecemos de forma irremediable y, de manera igualmente irremediable, al final, pasamos a mejor o peor vida. Es más, en el camino nos cansamos más o menos, sufrimos a menudo y nos deterioramos muchas veces antes de tiempo.

El enemigo número uno de nuestro equilibrio físico y mental, el causante de la mayoría de las averías del sistema es, sin lugar a dudas, nuestro viejo conocido: el estrés. Saludemos sin temor a este compañero de viaje, no por deseado, siempre presente.

Antes de nada, os lo presento, si os parece. El estrés, a pesar de su mala fama y contrariamente a la creencia popular, no es malo en sí mismo. Hay un estrés sano que, por tener, tiene hasta nombre científico: «eustrés», un palabro raro y en desuso. Por cierto, al estrés malo lo llaman «distrés», poco utilizado también pero más entendible.

El estrés saludable hace que nuestro sistema nervioso se active, instintiva y automáticamente, provocando un aumento temporal de nuestra energía y nuestra capacidad de concentración, de manera que podamos hacer frente a cualquier desafío que se nos presente. Respuesta adaptativa por excelencia que nos ayuda a reaccionar y afrontar situaciones difíciles.

Si tengo que presentarme a un examen, debo estudiar previamente y acudir a la prueba despierto, energéticamente activado y lo más concentrado posible. ¿Estamos de acuerdo? El resultado del estrés bien entendido es el de la satisfacción del deber cumplimentado o el disfrute que supone el sueño cumplido.

Esto vale para el trabajo, la convivencia familiar, las relaciones sociales y hasta para los eventos más importantes e ilusionantes de nuestra existencia. Una boda por ejemplo. Nadie pone en duda que es uno de los hitos de felicidad por excelencia de nuestra realidad como humanos, superada quizá tan solo por la paternidad.

Por experiencia os digo que una boda puede ser el culmen de una vivencia estresante donde las haya, en la que el gozo puede rebosar a niveles celestiales, pero donde a la vez, si las cosas se tuercen, podemos saborear la hiel de los infiernos más abyectos. En ambos casos el estrés está presente en toda su plenitud.

Por tanto, el estrés depende no del hecho, sino de la vivencia del hecho.

«Pero, ¡las bodas al final siempre salen bien!», diréis algunos.

Cierto, pero por mi profesión tengo que confesar que más de una vez he escuchado aquello de: «¡La boda fue el peor día de mi vida!».

No quiero resultar agorero, por supuesto que la mayoría de las bodas son experiencias inolvidables, nacidas del amor puro y de la compañía impagable de seres queridos, producto de un estrés sano. Aunque si me permitís un guiño, no todo el mundo lo pasa bien en Navidad y no todos los novios tienen un recuerdo maravilloso de su boda.

Echemos una ojeada juntos a los diferentes tipos y niveles de estrés insano, sus causas y sus nefastas consecuencias. Resumiendo, podríamos citar tres causas principales: la orgánica, la mental y la emocional.

El estrés «malo» o distrés está en la raíz del deterioro de nuestra salud física y mental. Es algo sabido y reconocido, no necesita mayor argumentación. Pero el estrés no saludable es algo más serio de lo que pudiera parecer.

—¡Vive muy estresado, trabaja demasiado! —escuchamos a diario. Pero el estrés no es trabajar mucho. Para hablar de estrés tenemos que hablar de frustración, de tensión, de agobio, de desesperación o de desbordamiento emocional.

Todas estas sensaciones displacenteras se pueden generar en cualquier ámbito de la vida, no solo en lo laboral. Muchas veces es más estresante criar un hijo que duerme mal, manejar una separación o hacer frente al vacío dentro del grupo de amigos que trabajar mil horas en la oficina.

El estrés realmente insano es cuando la situación de agobio o tensión se prolonga en el tiempo hasta que el sistema nervioso se quiebra por agotamiento, por saturación. Y esto no es algo baladí. El estrés crónico puede ser causa de reacciones psicosomáticas o trastornos psicológicos a veces muy graves.

—No será para tanto —suelo escuchar, referido al estrés.

Pero sí, es para tanto. El estrés sostenido deriva como mínimo en ansiedad generalizada, en crispamiento, cuando no acaba en depresión por agotamiento. A veces llega incluso a provocar brotes psicóticos puntuales. Seamos humildes por tanto a la hora de abordar este fenómeno, el mal por excelencia de nuestro tiempo.

Cuerpo

A veces, simplemente, falla el motor. Nuestro vehículo ha salido con algún pequeño defecto de fábrica o, con el tiempo, el uso ha terminado por deteriorar el cuadro de mandos.

Para muchas personas, solo el hecho de levantarse de la cama y afrontar las tareas cotidianas de supervivencia ya supone, *per se*, un estrés permanente. Su cuerpo o su cerebro no están del todo afinados y manejarlos conlleva un esfuerzo permanente.

Y no solo hablamos de grandes dolencias como el cáncer, el párkinson, la esclerosis, lesiones cerebrales o el alzhéimer. Existen mil y un daños menores que dificultan enormemente el mero hecho de existir.

Es el caso de Pablo. Cruzamos nuestros caminos cuando rondaba la treintena. Padecía de lo que se llaman «síncopes vasovagales», una pérdida brusca de consciencia de carácter breve, con desmayo y recuperación espontánea en unos dos minutos, consecuencia al parecer de una disminución del flujo sanguíneo cerebral de corta duración.

El hecho es que Pablo, desde la más temprana edad, comenzó a sufrir desmayos inesperados, en cualquier momento y lugar, que duraban muy poco tiempo y le dejaban bastante cansado.

Imaginad lo que supone ir a trabajar, quedar con los amigos o sacar a pasear a los hijos con la amenaza del desmayo siempre presente en vuestra cabecita. Te puedes desmayar conduciendo, en la parada del autobús, en el bar o en el paso de cebra.

No suele suceder muy a menudo. Si así fuera, Pablo no habría salido de casa. El problema es precisamente ese, no ocurre muchas veces, pero ocurre, y lo que es peor, cuando menos lo esperas.

La incertidumbre es demoledora. Y la incertidumbre es una de las madres del estrés porque me exige una alerta constante. La mente intentará anticipar el posible desmayo aun a costa de desarrollar un cuadro de ansiedad generalizada severa.

Finalmente, e irremediablemente diría yo, la profecía se cumplió y la ansiedad se instaló en Pablo, campando a sus anchas. Por si fuera poco, uno de los síntomas más comunes de la ansiedad es el mareo o inestabilidad.

En otras palabras, la hipervigilancia secundaria al desmayo vasovagal, acaba generando ansiedad generalizada que, a su vez, provoca sensaciones de inestabilidad y mareo muy parecidos al desmayo, aunque sin llegar a perder la consciencia.

El pobre Pablo, cuando sentía el mareo consecuencia de

la ansiedad no sabía si acabaría desmayándose o no. El círculo vicioso estaba servido. Más ansiedad, más mareo; más mareo, más miedo al desmayo; más miedo al desmayo, más ansiedad y así sucesivamente en un bucle eterno.

En el caso de Pablo, trabajamos el manejo de los estresores secundarios al síncope. Aprendió a escuchar a su cuerpo, fue descubriendo en qué situaciones se activaba el desmayo y poco a poco comenzó a llevarse mejor con su dolencia.

Se dio cuenta de que mareo y desmayo tenían sensaciones previas diferentes. El desmayo iba precedido de tensiones en la parte frontal de su cabeza, mientras que el mareo sin desmayo, propio de la ansiedad tenía lugar previa tensión cervical occipital.

Esta revelación permitió a Pablo tener un mínimo control sobre su vida. Aprendió a regular su sintomatología ansiógena hasta que esta dejó de ser realmente un problema.

A la vez, era capaz de anticipar el síncope vasovagal momentos antes del desmayo, ante lo cual se detenía en zona segura, estuviera donde estuviera, se tumbaba en el suelo y esperaba el desmayo. Un par de minutos después se recogía a sí mismo en posición de descanso, esperaba a recuperarse del cansancio y seguía con sus quehaceres.

Cuando es el cuerpo el que falla no hay otra alternativa que trabajar la autobservación con aceptación plena de lo que se vive, para bien y para mal. Mayormente el milagro no es que la dolencia desaparezca por arte de magia, sino desarrollar la capacidad de adaptarse y convivir con ella sin que nos aparte de la vida. Esto sí que define a las mil maravillas el arte de vivir.

Mente

Otras veces lo que falla es el cuadro de mandos. El estrés prolongado acaba por quebrar el sistema por donde más duele, el cerebro, el ordenador central. El ordenador del vehículo no puede estar encendido veinticuatro horas al día. Antes o después, si no descansa, el disco duro peta. Lo mismo sucede con el cerebro humano; si no reposa acabará petando.

Se trata de un fenómeno típico de profesionales ejecutivos con agendas muy apretadas y sin tiempo para respirar. O de mujeres que asumen cuidados de familiares enfermos o con discapacidad, a la vez que tienen que hacer frente a las labores del día a día, tanto domésticas como profesionales. En ambos casos, el problema no es el trabajo, sino la presión, la exigencia y la falta de espacios para la desconexión.

Recuerdo un paciente, llamémoslo Borja, especializado en ventas, que desarrollaba sus labores profesionales en un concesionario de automóviles. La venta siempre es estresante, lo sé yo, lo sabéis vosotros y lo sabe todo el mundo. Pero el ingenio humano puede hacer que aún lo sea mucho más. Las personas somos verdaderas expertas en hacernos la vida difícil.

En aquel concesionario el sistema de retribución por objetivos del equipo de ventas se regía por un sistema muy peculiar, que según he sabido después, no resulta tan extraño en el mundo de la automoción.

El equipo de vendedores estaba clasificado en una especie de ranking, como los tenistas, y a final de cada mes, el pobre vendedor que terminaba en la última posición de la clasificación, incluso aunque hubiese llegado a los objetivos previstos y recibido la compensación correspondiente, perdía su puesto trabajo, y era reemplazado por mano de obra fresca y dispuesta.

Dicho de otra manera, incluso siendo un buen vendedor, si ese mes había rendido menos que los demás, la empresa podía prescindir de sus servicios. El sistema estaba pensado para que los vendedores no se relajaran jamás, siempre bajo presión, hasta reventar, como le sucedió a Borja.

Imaginad el estrés. Es la definición pura del estrés no saludable. Día sí, día también, con la espada de Damocles del despido siempre silbando por encima de su cabeza.

Finalmente, Borja quebró, pero por suerte para él, el cuerpo le avisó con tiempo y él, sabiamente, hizo caso del aviso y pidió ayuda profesional.

Una vez tomado un respiro y recuperado el aliento, nuestro amigo se lo tomó con calma, sopesó los pros y contras de volver al infierno y, con buen criterio a mi parecer, decidió que había otras maneras de ganarse el pan de cada día.

Hoy sigue vendiendo coches, es un buen profesional, disfruta de su trabajo dentro de un nivel de estrés más aceptable y tiene salud y tiempo para su gente.

Sin embargo, el peligro con el estrés es no darnos cuenta de que vivimos estresados, normalizando situaciones que finalmente acaban por quebrar nuestro sistema.

Fue el caso de Mirentxu, ejecutiva de alto nivel, directora de proyectos, en la cuarentena, en lo mejor de su vida profesional. De pronto, una tarde, «no podía ver los planos».

—Cinco minutos antes estaba a tope, llena de energía

y lucidez y de pronto, no veía los planos —explicaba con asombro.

—Aunque esto te parezca increíble, Mirentxu, es estrés —respondí con calma.

Ella no daba crédito. Nunca pensó que el estrés tuviera consecuencias tan perniciosas, que afectara incluso a su capacidad de pensar, de reflexionar, de decidir o incluso de ver. La noción de ansiedad y su sintomatología no se le hacía extraña, pero asumir esa especie de «niebla mental» en la que se movía no le entraba en la cabeza.

La cuestión es que vivía aterrada, incapaz de tomar una decisión, no solo en el trabajo sino en cualquier aspecto de la vida, hasta el más nimio. De repente, incomprensiblemente, sobre todo para su compañero y seres queridos más cercanos, Mirentxu parecía tener miedo a todo, como una niña que ha visto a un monstruo a la hora de dormir.

La gravedad de su quiebre anímico era tal que le fue concedida la baja médica laboral a la vez que se le administraba el combo farmacológico correspondiente a base de ansiolíticos y antidepresivos.

Entre la medicación y el acompañamiento psicoterapéutico, Mirentxu se recuperó y retornó a su puesto de trabajo con ánimo renovado, pero, en mi opinión, sin haber comprendido a fondo el problema y sin haber realizado un trabajo de fondo.

Como buena ejecutiva, era pragmática y funcional y su objetivo no era tanto comprender, sino volver a su despacho lo antes posible. Su visión de la psicología era sencilla: «Si me encuentro bien, ya estoy curada». Para qué complicarse más, ¿verdad?

Esta percepción de la psicología está muy extendida y es la causa de más de una dolorosa recaída, como fue el caso de Mirentxu.

En efecto, cuatro años después, volvió a mi consulta absolutamente aterrada, con el mismo estado que le acompañaba la primera vez, pero con el miedo añadido de haber vuelto a caer en el pozo y estar condenada a no salir de él, y en caso de hacerlo, a recaer otra vez.

Esto permitió retomar las sesiones y realizar una psicoeducación en condiciones. Ya lo había intentado anteriormente, fue necesario la recaída, la segunda crisis, para que se abriera a la posibilidad de que quizá tuviera que cambiar su modo de funcionamiento.

Mirentxu, por fin, comprendió que la causa de fondo de su quiebre anímico estaba en su manera de afrontar y de trabajar. Que el cerebro acaba petando por fatiga mental extrema, cayendo en depresión por agotamiento, hasta que entra en pánico, con bucles de pensamientos negativos, intensos y recurrentes.

Combinamos sesiones individuales con sesiones grupales de *mindfulness*, donde aprendió a conectar y a «leer» su cuerpo, a regular los correlatos fisiológicos de la ansiedad y a «parar» antes de que el sistema volviera a colapsar.

Yo solía repetirle: «La reunión más importante de la semana es la sesión de *mindfulness*, Mirentxu. No es perder el tiempo, es ganarlo».

Ella asentía, sonreía y seguía adelante, hasta que, un día, ya muy recuperada me comentó con entusiasmo: «Creo que ya lo he entendido. Y me he puesto manos a la obra. Todos los días a las 18.00 paro y me tomo una sauna de quince minutos. De ahí, sí o sí, a casa, a mi rincón de calma. Quince minutos de *mindfulness*, y directa a la tarea más importante del día; estar con mis hijos».

Hermoso final, en apariencia, pero claro no tan aconsejable si uno quiere promocionar profesionalmente. Este es el pensamiento común. ¿Creéis que Mirentxu obtuvo peor calificación en la evaluación de desempeño que realizaba su empresa a cada empleado con el cierre de ejercicio?

Pues no. No solo obtuvo la misma calificación, que siempre fue excelente, sino que fue promovida a directora de departamento con muchos más colaboradores a su cargo.

Dos horas menos de trabajo diario, envueltas en una mayor serenidad, mejor perspectiva de las tareas, más fluidez en las relaciones con sus colaboradores y sobre todo, sosiego, calma y confianza, con un punto renovado de ilusión hicieron de Mirentxu una ejecutiva más eficaz y eficiente a la vez, con menos desgaste personal y familiar.

A veces menos es más. Descansar es recuperar aliento, realinear sistemas, tomar perspectiva y volver a la actividad, más sosegado y, sobre todo, centrado. Yo siempre digo en broma que voy a escribir un libro titulado: «¡Qué hacer cuando uno está cansado!».

Es un libro que, al abrirlo, solo tiene una página donde se lee en mayúsculas: «DESCANSAR». No tendría mucho éxito, lo sé, pero sería tendencia en las redes sociales.

Ironías aparte, se nos está olvidando la capacidad de descansar. Lo cual incluye un sueño cada vez más fragmentado y menos reparador.

Emoción

A veces falla el motor, otras el cuadro de mandos y otras veces lo que falla son los sensores. Nuestro cerebro no solo piensa, sino que también siente. Es un organismo emocional sentimental. La percepción de la realidad incluye cognición, sensación y emoción. Tenemos un cerebro triuno, que piensa, siente y se emociona. Todo a la vez.

El estrés insano, devorador de todo lo que sea equilibrio y paz interior, cuando toca lo afectivo, se convierte en un tumor emocional devastador. Y esto no es un tema menor. Las emociones juegan un papel fundamental en el bienestar del ser humano.

«Yo no soy un ñoño sensiblero», escucho muy a menudo.

«Entonces eres un "analfabeto" emocional», suele ser mi respuesta.

Contrariamente a lo que pudiera parecer, las emociones cumplen un papel crucial a la hora de adaptarnos al mundo que nos rodea. En sí misma una emoción no es buena ni mala, son simples señales que nacen en el cuerpo, que nos reportan información acerca de nuestro entorno y de nosotros mismos.

El equilibrio emocional es fundamental para la salud física y mental. Si se peca por exceso o por defecto, las consecuencias serán igualmente nocivas. Dicho coloquialmente, a las personas que sienten demasiado les gustaría no sentir tanto, y a los que apenas sienten, les gustaría sentir más. Y dicho en pocas palabras; tan malo es sentir demasiado como no sentir nada.

Antaño yo he podido ser un buen ejemplo de desconexión emocional. Los años de lo que yo llamo «la bruma» fueron tiempos sin sabor, en los que vagaba sin rumbo y totalmente desconectado de mi cuerpo y de mis sentimientos. El resultado fue un recorrido vital bañado en confusión y preñado de equivocaciones.

Cada día me pregunto cómo o por qué tomé aquella descabellada decisión y no otra. Hoy comprendo que la falta de vínculo, de sintonía conmigo mismo y con los demás, el no ser capaz de reconocer, distinguir y expresar lo que sentía, me impidió una mejor adaptación al medio.

Me ha costado una eternidad reengancharme a la vida y para ello ha sido necesario desarrollar la capacidad de conectar con mis emociones. Sentirme me ha permitido sentir al otro y expresarme desde la emoción. Por eso afirmo con rotundidad que «la peor de las emociones es la no emoción».

En el otro extremo, los altamente sensibles quizá envidien esta desconexión. No os la recomiendo, de verdad.

En la otra orilla encontramos a las personas de alta sensibilidad que experimentan la realidad de una manera más intensa que el resto. Las emociones y los estímulos sensoriales pueden generarles sensaciones internas de malestar que les resultan muy difíciles de manejar.

Sentir es una bendición, pero cuando el sentimiento nos desborda se convierte en un drama. La intensidad es tal que puede acabar quebrando a quien lo sufre. Este tsunami de emociones no facilita para nada el afrontamiento lúcido de la realidad que les rodea.

Y al igual que ocurre con los desconectados, si no más, la toma de decisiones, a todos los niveles, pero sobre todo a nivel afectivo, se verá mediada, cuando no cegada por oleadas de emotividad y sensaciones de una intensidad demoledora.

Tanto las emociones intensas no reguladas como los bucles mentales insistentes nos pueden llevar a percepciones y conclusiones muy alejadas de la realidad.

Es conocido que cada hemisferio tiene unas funciones distintas. Generalmente, el hemisferio izquierdo suele ser el más racional mientras que el derecho es el más emocional.

Una integración adecuada de lo que sucede implica atender a las sensaciones y emociones del hemisferio derecho y poder procesarlas desde la perspectiva que nos da el hemisferio izquierdo, mediante el verbo y la razón. Para luego volver a mirar esas conclusiones racionales desde la perspectiva emocional y ver si se ajustan bien al contexto del momento.

Se trata de integrar equilibradamente emoción y cognición, conexión y perspectiva.

No vamos a centrarnos en ninguno de los dos extremos a la hora de ilustrar el quiebre emocional secundario al estrés continuado. Nos basta con un ejemplo cualquiera de los miles que abundan por doquier. Lamentablemente estamos ante una realidad de la que no podemos escapar.

Os presento a Berta, mujer de la tierra, madura y tierna a la vez. Sensible, sin llegar a la hipersensibilidad. Honesta, recta y consecuente. Incapaz de hacer nada que vaya contra su sentir. Siempre responde con hechos y asume las consecuencias de sus actos.

Un ejemplo para todos. Un ser humano completo. Sensible, culta e inteligente. Amante de la lectura y de la naturaleza. La vida debería ser fácil para alguien así, ¿verdad?

Quizá sí, pero no en el caso de Berta. Acudió a mi consulta hundida en una profunda depresión con ideaciones autolíticas puntuales.

«No sé qué pinto yo aquí», es una de sus sentencias favoritas.

Mujer honesta como os digo, sufrió enormemente en

la juventud con el fenómeno del acoso o *bullying*. No solo cuando el sujeto del abuso era su persona, sino también, con mayor dolor si cabe, cuando el abusado era algún compañero o compañera. La injusticia la abrumaba. Así creció y sobrevivió, defendiéndose como podía de los prepotentes, los chismosos y, sobre todo, de los mentirosos.

Esta defensa relacional suponía ya un cierto nivel de alerta constante, aunque no devastadora, porque era compensada con momentos de soledad, de intimidad con los más cercanos y de relajantes caminatas en la montaña con amigos selectos.

La vida le premió con un primer amor. Se enamoró intensamente y se entregó a la pareja como si no hubiera un mañana. Con el tiempo, poco tiempo a decir verdad, comprobó que la pareja sufría de algún tipo de trastorno. El compañero parecía sufrir por casi todo y Berta, como no podía ser de otra manera, asumió el reto e intentó hacerle la vida lo más liviana posible.

Él acabó dependiendo de ella para casi todo, pero, como buen dependiente, ni era consciente, ni agradeció la ayuda prestada incondicionalmente. Al final, la relación acabó por ser asfixiante y la separación fue inevitable.

Sin embargo, a pesar de no ser ya pareja Berta siguió

acudiendo en su auxilio, ayudando a su ex en todo lo que le demandaba, que era mucho. Esta necesidad de salvarlo por encima de todo, la fue minando internamente.

Le llevó mucho tiempo comprender que no podía salvar a quien no quería ser salvado. Finalmente, consiguió romper ese enganche relacional y se alejó, manteniendo un contacto casi nulo con su expareja. Su resonancia emocional y el sentir tan intensamente a su excompañero le llevaba a intentar reducir la angustia del otro, aliviando así la suya propia.

En la medida en que fue aprendiendo recursos de regulación y de distanciamiento emocional fue capaz de no entrar en el drama de su excompañero, tomando cada vez más distancia de él y ayudándole a que se hiciera cargo de sus estados o que buscara ayuda.

A día de hoy, Berta ha comprendido por fin lo incomprensible. Sabe que las parejas son entes ajenos a su persona y que, por mucho que se entregue en alma, mente y corazón, no siempre es posible alcanzar el objetivo, el amor compartido.

Sabe que sus relaciones fueron desequilibradas desde el inicio, donde sus altos valores éticos, su compromiso con los demás y el amor mal entendido le jugaron una mala pasada. No culpa a nadie, y menos a sí misma. Poco a poco ha ido saliendo de la guarida, conociendo y conectando con personas y entornos diferentes donde sus valores de humanidad e integridad son ampliamente reconocidos y apreciados.

Como veis, este tipo de estrés, más ligado al mundo de las emociones, no es menos nocivo ni peligroso que el estrés secundario a una exigencia profesional o a la presión competitiva.

Aun con todo, no olvidemos nunca que, tanto si hablamos de las reacciones fisiológicas de la ansiedad, como en el caso de Pablo, como si se trata de las dificultades cognitivas de nuestra ejecutiva Mirentxu, o de la desregulación emocional de Berta, hay que tener siempre presente que todas ellas son reacciones naturales de nuestro sistema nervioso central.

Los tres tomaron en su momento conciencia de sus estados, los aceptaron sin rendirse y pidieron ayuda. En una vida con sentido siempre se sale adelante. La esperanza es el abono, el arte de vivir, la fórmula, y la VIDA con mayúsculas, el premio. Creo, por tanto, que el viaje merece la pena.

Imagino que más de uno os habéis identificado con alguna de las reflexiones o alguno de los ejemplos de los distintos tipos de estrés descritos en este capítulo.

¿Cómo saber si sufro de estrés? La respuesta, en primera instancia, está en el cuerpo. Hagamos una pausa y reflexionemos juntos por un instante.

¿Siento sensaciones extrañas, diferentes, no normales en mi cuerpo? ¿Malestar estomacal? ¿Dolores frecuentes de cabeza? ¿Dolor en el pecho? ¿Me cuesta recuperar el aliento? ¿Tiemblo sin saber por qué? ¿Mi corazón late más rápido? ¿Siento escalofríos? ¿Sudo sin causa aparente? ¿Tengo contracturas y tensiones musculares con frecuencia?

También podemos chequear nuestro mundo emocional y nuestros bucles mentales.

¿Tengo pensamientos recurrentes que no me puedo quitar de la cabeza? ¿Me siento más irritado que de costumbre? ¿De pronto lloro sin sentido? ¿Tengo un miedo irracional a perder el control?

La lista de preguntas sería interminable. Muchas de las respuestas pueden tener otras causas, pero todas son comunes a estados de activación nociva por estrés.

7

Atajos peligrosos

Visto está que la aventura de la existencia tiene sus riesgos, y no pocos. El viaje, a veces placentero, nos sorprende muchas veces con giros inesperados, obstáculos mil, tormentos anónimos y otros regalos de la vida.

El arte de vivir no es otro que sacar lo mejor de esta realidad, hasta el punto de saber y poder disfrutar de las buenas experiencias, a pesar de los sinsabores que las acompañan o en los que vengan envueltas.

Pero, claro, no nos gusta sufrir. El sufrimiento ha jalonado la historia de la humanidad desde el origen de los tiempos. A nadie le gusta sufrir y a nuestros ancestros tampoco. Sin embargo, tengo la sensación de que ellos estaban más hechos al dolor.

Hasta hace no tanto, la cosmovisión del ser humano,

ayudada por la respuesta simbólica de la religión, toleraba con cierta resignación los padecimientos del camino.

Mi padre era un perfecto ejemplo de esta mentalidad. Sabía disfrutar y disfrutaba de las pequeñas cosas cotidianas, teniendo siempre como telón de fondo que, para él, la vida era «un valle de lágrimas». Pero había esperanza, si uno era «bueno» y cumplía con los debidos «mandamientos» tendría premio en el cielo, con el descanso eterno a la vera del Señor.

Hoy tengo la impresión de que las cosas no son tan sencillas. No nos gusta sufrir, lo evitamos de mil maneras diferentes, y muchos no tenemos un «plan B» asegurado más allá de lo terrenal. Enhorabuena a todos los que la fe les permite un tránsito con la seguridad del premio. Y no lo digo con ironía. Mi mayor respeto para todos los que tenéis esa suerte.

Entender la realidad como algo finito, con principio y final, implica que la partida se juega en este tablero, no hay otro. Yo no lo tengo tan claro. No tengo la fe de creer que hay un cielo que me espera, pero tampoco estoy convencido de que la realidad sea solo lo que veo y toco. Sigo pensando que quizá haya sorpresas al final del camino.

Como en casi todo, soy un poco *rara avis*. Una especie de pseudocientífico cuasi espiritualista que quiere aprender lo máximo posible de esta aventura que llamamos existencia y prepararse lo mejor posible, humanamente hablando, para su despedida.

Con este pequeño corte filosófico existencial pretendo introducir la noción del miedo a la incertidumbre. La religión es una certeza. La ciencia es todo menos certeza, aunque ilusamente creamos lo contrario. La obligación de un científico es poner siempre en duda todo lo que sabe.

Hay que ser muy osado o muy insensato para mirar a la muerte con calma y de frente, aceptando la duda, el no saber, la incertidumbre. Sin embargo, creo que es algo posible. Quiero pensar que aquel que ha sabido vivir, sabe morir cuando llega el momento.

Por eso, y ahora entramos en materia, entiendo a todos aquellos que, abrumados ante la realidad de la vida, del sufrimiento, la enfermedad y la muerte, optan por alguno de los tantos atajos que la sociedad nos ofrece para hacer frente a la incertidumbre.

Siendo sinceros, todos y cada uno de nosotros, yo el primero, hacemos uso de algún atajo que alivie los momentos de desaliento. Unos son más ligeros que otros. Los hay que son meras zonas de relax para deleite de los sentidos y los hay que derivan en inframundos terroríficos, más propios de los nueve círculos del infierno de Dante.

Áreas de descanso

La ruta a veces se hace larga, pesada. El aburrimiento, el cansancio, cuando no el hastío hacen mella en nuestro ánimo y necesitamos un pequeño refugio de tranquilidad. Es algo tan lógico y natural como comer cuando tenemos hambre.

Sin estos pequeños espacios de solaz y esparcimiento, el día a día se nos haría insoportable. Desde que el tiempo es tiempo, el hombre ha necesitado desahogarse con todo tipo de fiestas y espectáculos. Aquella cultura de esfuerzo y supervivencia tenía siempre espacio para la diversión y el entretenimiento.

Al final de la temporada de cosecha, en cada pueblo, grande o pequeño, se celebraban las correspondientes fiestas patronales, con un programa repleto de espectáculos, juegos y competiciones deportivas. En mi aldea, la culminación de la fiesta era el festival de pelota vasca, para gozo de mayores y pequeños.

Hoy vivimos en la cultura del ocio. Aunque nos creemos más listos y avanzados que nadie, el concepto de ocio es un invento viejo, que se remonta a los antiguos griegos. En la Grecia clásica el ocio (*scholé*) representaba ante todo un estado de liberación de la necesidad de trabajar, algo primordial y necesario en la búsqueda de la sabiduría y la práctica del mejor modo de vivir.

Como veis, el bello arte de vivir también está inventado, y no he sido yo. Las culturas seculares sabían bien de la necesidad de intercalar distracción y divertimento frente a trabajo y esfuerzo.

Desde los juegos de la pelota de los mayas, las Olimpiadas en Grecia, el pan y circo de Roma, amén de todo tipo de festivales de música y danza, bien regados con los licores espirituosos propios del lugar, el ocio ha ocupado espacios nada desdeñables en todas las culturas, incluida la nuestra.

Convenimos, por tanto, que el descanso, la diversión, honrar a Baco de vez en cuando, es sano y necesario. No hay duda al respecto, pero sí una acotación: que se haga con medida, o mejor dicho, sin perder la perspectiva.

En la sociedad del disfrute en la que vivimos estamos perdiendo la perspectiva de las cosas. La exaltación del ocio ha alcanzado tales niveles que se ha convertido, prácticamente, en una obligación. No es que sea bueno divertirme, es que pasarlo bien es una ley.

Es lo que yo llamo el «síndrome de la casilla en blanco».

—¡No tengo plan para este finde! —clama angustiada Andrea.

—¡Apenas hay nieve, no vamos a poder esquiar! —dice la misma Andrea un fin de semana que sí tiene plan—. Hay mucha nieve, pero dan malísimo. ¡No se puede esquiar! ¡Qué horror! —se queja otra vez Andrea.

Andrea es una jovencita que vive para ser feliz, para «pasarlo bien». Apasionada del esquí y otras mil actividades deportivo recreativas, donde además se incluyen pequeñas bacanales con amigos y colegas cercanos. Cada fin de semana es un hito histórico y en caso de fracasar, el impacto en su estado de ánimo es descomunal.

—¿Qué voy a hacer el finde? Me he quedado sin plan. Siempre igual. Siempre me pasa a mí. —Es el sonsonete cuando el plan previsto no se cumple y la «casilla queda en blanco».

—Hay muchas alternativas, Andrea —le explico a menudo—. Puedes leer un libro, ir al cine con alguna amiga o amigo, escuchar música o simplemente compartir una serie con alguien cercano mientras echas unas risas... —remato con cierta sorna.

—¿Qué dices? —casi grita—. ¿Me pierdo el fin de semana de mi vida y me mandas a leer?

Cada fin de semana es el fin de semana de su vida. Creo que este ejemplo ilustra bien las consecuencias nocivas del ocio entendido como una obligación de felicidad.

Como a veces las cosas no ocurren como uno espera, la frustración hace que el plan de felicidad acabe en amargura.

Tanto es así que, en casos como el de Andrea, es tal la distorsión y el sufrimiento que ha necesitado de acompañamiento psicológico para comprender que no existen notarios que certifiquen la calidad o la certidumbre del ocio escogido.

Desvíos

Con todo, el ocio no suele sacarnos tanto de la ruta como otros fenómenos un tanto más insidiosos. Me refiero a ciertos hábitos, o pequeñas adicciones cotidianas, que si bien en sí mismos no representan un aparente peligro para nuestra salud, en ocasiones acabamos «enganchados» sin solución.

¿Qué os voy a contar que no sepáis? Yo tengo una especial relación amor-odio con el chocolate. Hasta el punto de que mi buen amigo el «cacao refinado» tiene prohibida la entrada en mi domicilio. Mi nevera y mis armarios tienen un detector de bombones, caramelos, chocolatinas en general y chocolates sénior de aparente bondad, y más si son blancos o con leche; en este caso la alarma se oye en todo el vecindario. ¡*Vade retro*, satanás!

Parece exagerado, ¿verdad? Os aseguro que la medida es necesaria por el bien de la salud de mi cuerpo y de mi mente. Los que estéis conmigo sabéis bien que es una guerra que uno no puede perder, so pena de perder la dignidad. Es cuasi ironía, tranquilos.

Si a esto añadimos ese café de la mañana, esa miradita o sentadita a mirar mis redes sociales, esa cerveza al llegar a casa o ese impulso a coger el móvil cada vez que suena el aviso de un wasap, nos damos cuenta de que estamos literalmente rodeados de tentaciones, a cual más seductora.

Estamos ante pequeños, o no tan pequeños, agarres que nos permiten sujetarnos en algo físico, que activan nuestros sentidos más básicos, escapando así de las sensaciones desagradables que nos embargan día y noche. No deja de ser un tipo de evitación automática e inconsciente casi siempre.

Ese cigarrillo que me hace compañía, ese vinito que alivia mi cansancio, esa tarde de compras que me hace olvidar los problemas de la fábrica. La lista es interminable y nadie está libre de peligro.

Con medida, desde la consciencia, son hábitos menores que todos creemos controlar. Así es en muchos casos, pero no en todos. En ocasiones, estos hábitos aparentemente menores, derivan en adicciones mayores, muy difíciles de revertir que terminan por arruinar nuestra calidad de vida, o nuestra vida entera.

De momento nos centraremos en las pequeñas adicciones que aunque parecen inofensivas dan más juego del que creemos.

En cierto modo, el ser humano necesita de certezas comprobables, anclajes de vida que le reaseguren ante la incertidumbre, que alivien su malestar. Nos enganchamos a cualquier cosa, os lo aseguro. Observad un poquito a vuestro alrededor y veréis que no miento.

Un caso que recuerdo con nostalgia es el de Lucas. Hombre entrado en edad, coleccionista de sellos. Tal era su pasión por la filatelia que acudió a consulta con depresión moderada secundaria a disgusto filatélico.

«¿Qué dices, por Dios?», preguntaréis.

Pues así era. Lucas vivía por y para los sellos. Tenía unas

colecciones impresionantes, algunas únicas, al parecer. El asunto es que estaba empeñado en una colección de sellos de Tuvalu y, por desgracia, le faltaba uno para completarla.

Para más señas, Tuvalu es un pequeño país, formado por nueve atolones, en medio del océano Pacífico, al noroeste de Australia.

Al parecer, los sellos de los diferentes atolones de Tuvalu son muy apreciados y valorados en el universo filatélico. No tengo ningún dato ni argumento para defender esta afirmación, pero de lo que sí doy fe es de que, a Lucas, ese eslabón perdido, ese sello no hallado, casi le rompe por dentro y por fuera.

El coleccionismo puede derivar en un apego alarmante y desproporcionado con respecto a los objetos coleccionados. En realidad, como habéis deducido ya, es una manera de satisfacer necesidades emocionales, sociales e intelectuales, que el coleccionista no puede obtener por otros medios.

Además de la sensación de empoderamiento que supone satisfacer la compulsión de ver la colección completada, o el orgullo de ser el poseedor de una colección de sellos muy valorada, el hecho mismo de coleccionar une a personas con intereses comunes, convirtiéndose en un medio, como en el caso de Lucas, ideal para socializar.

Gracias a su disposición para la terapia, el apoyo familiar y un poquito de humor, en ocasiones, se produjo el milagro y nuestro forofo filatélico pudo soltar el bendito atolón de Tuvalu y ver los sellos con un poco más de sosiego y distancia. Pero hubo que sudar lo suyo, sobre todo por su parte.

Finalmente, comprendió que la vida es algo que va más allá de una colección de sellos. Redescubrió a sus seres queridos y comenzó a valorar su cariño desinteresado. Las relaciones sanas de amigos y familiares, compañera e hijos sobre todo, cubrieron el hueco que dejaba el sello faltante de Tuvalu.

Si no podemos entender que alguien se rompe emocionalmente por una colección de sellos, quizá también nos cueste comprender por qué alguien con cáncer de pulmón sigue fumando, a sabiendas de que está deteriorando su salud y abocándose irremediablemente a una muerte temprana.

Abismos

De las paradas en áreas de descanso, bienvenido o malvenido ocio, pasando por las pequeñas adicciones o hábitos cotidianos más o menos perniciosos, pasamos a escenarios muchos más desoladores. Hablamos de adicciones a secas o adicciones con mayúscula.

El nivel de la escapada o evitación de la realidad puede adquirir cotas de sinrazón inimaginables. En este caso no se trata de un rato de ocio, ni de un hábito menor, más o menos incardinado en el conjunto de mi devenir cotidiano; a partir de ahora hablaremos de comportamientos completamente desadaptativos, producto del consumo de sustancias o similares.

Suele terminar abarcando todas las áreas de la vida de la persona. Es decir, no nos referimos a un consumo puntual. La adicción implica consumo incontrolado y prolongado en el tiempo. Para cuando el adicto toma conciencia de su problema, suele ser demasiado tarde.

La sanación completa no es imposible, pero el camino hacia la desintoxicación o deshabituación es largo y penoso, y es necesaria la implicación, no solo del enfermo, sino de las personas de su entorno más cercano.

Varias aclaraciones previas: primera, la adicción es una enfermedad, no un capricho del adicto. El común de los mortales tiende a considerar al adicto como un vicioso incapaz de controlar el consumo. Nada más lejos de la realidad. El consumo, sea cual sea, afecta al cerebro y al comportamiento de la persona.

Sin entrar en detalles técnicos, nos quedamos con la definición de la OMS (Organización Mundial de la Salud) que define la adicción como «enfermedad física y psicoemocional que crea una dependencia o necesidad hacia una sustancia, actividad o relación». Es decir es una enfermedad cerebral que provoca la búsqueda y el uso compulsivo de la sustancia.

En segundo lugar, es fácil confundir «adicto» con «drogadicto». El concepto de adicción ha ido tradicionalmente ligado a la noción de ingesta química: alcohol, nicotina, cocaína, marihuana, opio, sedantes e hipnóticos, anfetaminas, éxtasis, heroína y otros.

Pero no podemos olvidar otro tipo de ingestas, no menos frecuentes y devastadoras que las de sustancias químicas, véase anorexia, bulimia o directamente comer de forma compulsiva.

Y qué decir de las adicciones «escondidas». Aquellas que, o bien no tienen tan mala prensa, o bien producen tal rechazo social que raramente salen a la luz. La lista en este caso también es larga; juego, sexo, trabajo, internet, sectas, religión o relaciones humanas, también llamada «codependencia».

Si nos pusiéramos a ilustrar con un ejemplo cada uno de estos tres tipos de adicción, nos daría para otro libro.

No es mi objetivo detallar prolijamente estas lacras, sino ponderar la importancia que tienen. Ninguno estamos libres de pecado. Nadie puede tirar la primera piedra. Todos hemos caído o podemos caer a lo largo de la vida en cualquiera de estos abismos.

Pensar lo contrario es una necedad. Ojalá no os toque saborear ninguna de estas hieles. A mí me gusta ser humilde en estos casos. No somos superhombres, somos pobres seres humanos, llenos de carencias y necesidades que, en un momento dado, cualquiera de estos consumos podría satisfacer y enmascarar a la vez.

Me he inclinado por ilustrar este escenario con el viaje de Lucía. Joven veinteañera que acudió a mi consulta por un cuadro ansioso depresivo secundario debido al consumo de anfetaminas, speed, en concreto.

Los padres, visiblemente afectados, relataban cómo su hija apenas se levantaba de la cama, siempre triste, sin ganas de nada. En el trabajo, cuando no estaba de baja, cumplía a duras penas, pero ahí terminaba su actividad, y vuelta a la cama o al sofá.

En el momento de la entrevista, Lucía al parecer, no estaba en su peor momento. Hacía un par de años que había sufrido un brote psicótico con paranoia delirante, pero, con ayuda de una medicación a base de antipsicóticos, la paranoia había desaparecido. Según los progenitores, en aquel momento su hija no consumía. En la siguiente sesión, ya con ella a solas, Lucía me confesó con la boca pequeña que seguía consumiendo, «pero poco, controlando».

El autoengaño se da por descontado en el inicio de una terapia de adicción. Por eso comencé en cuanto pude con la exploración, sin prisa, pero sin pausa, de la historia de Lucia. Para mí lo más importante en estos casos, en un inicio al menos, es conocer la edad, las causas y el entorno en el que se produce el primer contacto del adicto con la sustancia.

Lucía era muy joven y el rastreo fue sencillo. Al parecer estábamos ante una joven extremadamente tímida y con un nivel de autoestima por los suelos. Con catorce años, en su pandilla del pueblo, comienza a coquetear con los porros y el speed. Lucía lo probó todo. Los porros ni fu ni fa, pero el speed fue mano de santo para una adolescente supertímida.

Según sus propias palabras, con un par de rayas era otra persona. La timidez desaparecía, se veía a sí misma suelta, conectada con todo y con todos, fluyendo en cualquier conversación de manera natural, sin pose ni vergüenza ninguna. Por fin era una más. Por fin existía. Por fin podía interesar a los chicos. Por fin era una mujer.

Las drogas son lo que son y tienen los efectos que tienen. Pero la intensidad de su impacto dependerá del tipo de cerebro y de los rasgos psicológicos de la persona que las consume. El speed no tendrá el mismo efecto en alguien con una personalidad potente, con don de gentes y dotado de una autoestima sólida, que en ese adolescente cohibido y retraído, incapaz de levantar la mirada cuando le hablas, que se queda bloqueado en su rincón, sin palabras, cada vez que está en un grupo de iguales.

Lucía había descubierto El Dorado, la panacea de la felicidad y se agarró a ella cual clavo ardiendo. El speed no era para nuestra jovencita una sustancia para, simplemente, pasar un buen rato, como podríais pensar muchos de vosotros. Bien al contrario, la anfetamina pasó a convertirse en su compañera de vida.

Frente a la vida gris y anodina, dentro del laberinto de su timidez fóbica, Lucía saborea mientras está «puesta» el paraíso del empoderamiento. Su vida en minúsculas se transformaba en otra en mayúscula. Es muy importante entender lo que subyace en el consumo de los jóvenes y adolescentes si queremos realmente ayudarles a salir del laberinto.

Tened en cuenta que todo, absolutamente todo lo que importa en la vida de una quinceañera —los amigos, las relaciones sociales, el contacto con chicos, el descubrimiento del sexo y otras mil y una experiencias, tan novedosas como excitantes— Lucía siempre lo vivió puesta de anfetaminas.

Decidme: ¿qué pasará después, en la veintena, ya rota por el consumo, cuando intente dejarlo y volver a la normalidad?

Seguro que respondéis: «Será complicado. Se le hará terriblemente duro, porque en su vida no ha habido nunca normalidad».

Exacto. Es más, ni siquiera hubo vida. Esto fue lo que ocurrió cuando nuestra jovencita intentó dejar el consumo, que no tenía adónde ir, ni con quién relacionarse, pues todas sus experiencias de vida habían ido de la mano del speed. La consecuencia fue que si no iba «puesta» no había nada, todo era insulso, plomizo, la vida era hueca, vacía, un holograma vacuo sin sentido para ella.

Lucía no era una vaga sin voluntad, como creían sus padres. Era cierto que el speed había minado también su voluntad, pero, además, cualquier cosa que hiciera de nuevo, sin consumir —como estar con un chico—, resultaba algo insípido, sin sustancia, gris y triste a la vez. Nada que ver con el subidón de excitación que sentía al estar con el mismo chico puesta de anfetaminas.

Por si esto fuera poco, hacía poco que Lucía había salido de un cuadro psicótico, secundario al consumo, que se había prolongado durante meses. Esto era la guinda del pastel. Estábamos en un círculo infernal sin salida aparente. Si no consumía, le devoraba la depresión y sus padres se tiraban de los pelos. Y si consumía tenía muchos boletos para volver a caer en el laberinto de la psicosis.

Mi estrategia fue generar un buen vínculo con ella. Sabía que estaba ante una carrera de resistencia, un maratón terapéutico sin final a la vista.

Como había sospechado, el autoengaño seguía vigente y no había dejado de consumir. Toda conducta tiene su consecuencia y en este caso fue la esperada. El cuadro psicótico se reactivó. Días después, Lucía acudió a mi consultorio en pleno brote psicótico, con paranoias delirantes de tipo persecutorio.

La Guardia Civil había pinchado su teléfono móvil y un amigo del pueblo la acusaba de haberle robado un montón de kilos de marihuana. La familia me corroboró al día siguiente la falsedad de tan absurdos hechos.

Vino acompañada por su mejor amiga, visiblemente afectada y con el miedo, mejor dicho, el pánico grabado en sus ojos. Discurso incoherente, mirada huidiza, temblor generalizado y desconfianza absoluta para con todo lo que le rodeaba, cosas y personas.

Agradecí su confianza y conseguí, a duras penas, que volviera a la medicación. Los antipsicóticos ya no producían el mismo efecto que la primera vez. La recuperación fue mucho más lenta. En realidad, no se recuperó del todo y quedaron rastros de ideaciones paranoides de persecución. Sin olvidar, claro está, que seguía dándose atracones de speed a escondidas.

Todo esto fue suficiente para convencer a la familia de que estábamos ante un caso de extrema gravedad. Y que en situaciones así es imposible que la adicta sea capaz de recuperarse por sí misma.. Y más teniendo en cuenta la complicación con los brotes psicóticos.

Con el apoyo incondicional de la familia, mucha paciencia y más psicoeducación, Lucía fue aceptando: primero, que estaba realmente mal, segundo, que ella sola no podía salir del infierno y tercero que, aunque no entendiera nada, haría caso de los que la querían.

Aconsejé el internamiento en un centro de desintoxicación con el que colaboramos habitualmente. No son centros baratos, lo sé, pero en casos de esta gravedad hay que tirar por la puerta del medio.

La vida de Lucía se había desmoronado o, mejor dicho, era inexistente. No tenía ni oficio ni beneficio. De no romper el circuito por algún lado, en el horizonte ya se vislumbraba una psicosis paranoide permanente, con lo que supone de terror para el paciente y sufrimiento eterno para la familia.

Sus padres estaban dispuestos a asumir el esfuerzo económico. Lo darían todo por su hija. Lucía aceptó el reto. La apuesta era definitiva. En caso de volver a las andadas, la familia aplicaría la regla de la «puerta cerrada»: no volvería a ser recogida en casa como antes, cada vez que consumía.

Ingresó finalmente en el centro de desintoxicación e inició su proceso de rehabilitación que duraría no meses sino años.

Tras un par de meses en régimen cerrado, pasados los peores momentos del síndrome de abstinencia, rodeada de iguales y tratada por profesionales como la copa de un pino, Lucía pasó a residir en un piso tutelado, no muy lejos del cuartel general de la institución.

Tras varios meses en pisos compartidos, bajo la mirada y el cuidado de los profesionales al cargo de los mismos, comenzó a realizar las primeras visitas de tanteo a su pueblo de origen. En un primer momento sin contacto social.

Al tiempo fue remitida a un piso más cercano a su localidad, donde siguió la terapia con el equipo que la llevaba desde que acudió a desintoxicación. Las visitas al pueblo empezaron a proliferar. En casa estaban muy contentos y la esperanza comenzó a dibujarse en sus rostros.

Recibí la inesperada visita de Lucía un par de años después de su primer ingreso. Era otra Lucía. No puedo describirlo con palabras. Había brillo en su mirada e ilusión en su corazón. Transmitía ilusión y ganas de vivir.

Incluso en lo más profundo de las oscuridades de nuestra mente, siempre podemos rescatar una pizca de vida, de la cual renace la esperanza. Aun cuando no hay futuro y la enfermedad acecha por los cuatro costados, hay un instinto que empuja a resurgir cual ave fénix. El arte de vivir a veces requiere el corazón indomable de los más valientes.

Cuando me preguntan por un ejemplo de voluntad humana, yo siempre nombro a personas que han estado sumergidas en el submundo de las drogas o el alcohol y han conseguido rehabilitarse a base de lucha y tesón.

Este milagro requiere toneladas de voluntad y kilómetros de paciencia. Quien haya pasado por esto sabe de qué hablo. Cualquier ser humano rehabilitado puede darnos a todos lecciones de paciencia, humildad, fortaleza, voluntad y constancia.

Por todo ello, cae por su peso un hecho comprobado:

los mejores profesionales en terapias de adicción son personas que, a su vez, fueron adictos en algún momento de su vida. Yo mismo tengo el gusto de conocer y admirar personalmente a alguno de estos monstruos de la psicoterapia.

8

Parada en boxes

Ya hemos repasado juntos las mil y una vicisitudes del viaje, desde la concepción del embrión del prototipo hasta la consolidación del mismo y su salida de fábrica. Hemos explorado con detalle posibles rutas, compañeros de viaje, entre ellos, mentores e iguales —diferentes casuísticas de contratiempos, averías y accidentes. Incluso nos hemos detenido en áreas de descanso y entretenimiento y hemos advertido sobre posibles rutas de escape, algunas mortales.

Llegados a este punto, la pregunta es: ¿y ahora qué?

Mi deseo es claro y diáfano. Espero que este libro se convierta en un momento de reflexión. Una parada en boxes, sin prisa, para que todos podamos mirarnos con calma en el espejo de la vida.

Todo ser humano se merece este regalo. Parar y mirar. Mirar de dónde vengo, con quiénes y cómo me he criado y educado. Cómo fue mi salida al mundo y posterior abandono del nido familiar. Mis anhelos adolescentes y vicisitudes en la edad adulta. Posibles contratiempos y heridas sufridas en el viaje.

Esta idea tampoco es mía. Es tan vieja como el tiempo. Basta con acudir al viejo aforismo griego «conócete a ti mismo» (γνωθι σεαυτόν) que estaba inscrito en el pórtico anterior del templo de Apolo en Delfos.

«Yo ya sé cómo soy —diréis—. Me conozco muy bien a mí mismo».

Tal vez sí. Pero no es fácil verse a uno mismo. Lo natural es ver al otro. Nos cuesta ver nuestra película, sencillamente porque estamos dentro de ella y, por si fuera poco, somos los protagonistas. Los demás pueden vernos sin esfuerzo —si miran, claro está— porque ellos están fuera de la película. Nos ven desde la butaca del cine de las relaciones humanas, tranquilamente, comiendo palomitas.

Sé que esta afirmación es dolorosa. Nos falta humildad para reconocer que cualquiera me conoce mejor que yo mismo.

Aún recuerdo a mi madre, sonriente, contemplando desde el balcón a la vecina del primero.

—Fíjate qué vieja está la Felisa —afirmaba de vez en cuando, para quien quisiera escuchar. En ese momento no se acordaba de que ella acababa de traspasar la barrera de los ochenta y lo que se dice muy juvenil, obviamente, no se veía.

Para conocerse hay que poder verse. Para verse hay que mirar. Y para mirarse a uno mismo de verdad hace falta sinceridad, aceptación, valentía y tiempo. Sobre todo aceptación y tiempo, mucho tiempo.

No vale con un curso de cuatro días, ni un libro de autoayuda leído a ratos. Ni siquiera este. Todo ayuda pero el autoconocimiento no es un curso, ni es algo que se estudia para pasar un examen para obtener la licenciatura en felicidad.

El autoconocimiento ni siquiera es una terapia como tal. Es una forma de vida. Base y fundamento de lo que yo llamo el bello arte de vivir.

Y esto vale para sanos y para menos sanos. Para personas con recorridos vitales sin heridas aparentes y para los que han pasado por los sótanos más sombríos.

El milagro de la vida es crecer. Crecer en fuerza-energía, sentimiento-amor y raciocinio-inteligencia. Antonio Blay decía que: «Somos un potencial que la vida empuja a actualizar».

Nacemos con el potencial de hablar, nuestro disco

duro viene con el «Word» integrado. Pero si nadie nos habla, el programa no se actualiza y no desarrollamos la capacidad de comunicarnos. El potencial de hablar que viene de serie se «actualiza» en la experiencia de hablar.

En mi tierra somos poco afectivos, dicen. Es muy común la frase, «yo no soy de abrazos».

«Si nadie te ha abrazado, no has podido desarrollar la capacidad de abrazar», suelo responder con un punto de ironía.

Con la misma ironía os digo que yo mismo he tenido que «actualizar» mi capacidad de abrazar en la cuarentena. Y lo he conseguido, practicando claro. No hay cursos de abrazos pero siempre se puede apañar algo.

Al parecer, aunque yo «no era de abrazos», la capacidad de abrazar venía de serie y reposaba latente en mi sistema. Unos cuantos abrazos, aquí y allá, bien dados y recibidos y esta capacidad se ha «actualizado» en mí por completo. Hoy diría que no se me da mal abrazar.

Desde esta perspectiva, todo ser humano puede seguir creciendo y actualizando su potencial hasta el final de sus días. Para esto no hay edades. No hay que confundir, por tanto, el autoconocimiento con un abordaje terapéutico concreto, aunque sea una herramienta de uso en casi todos ellos.

Incluso aquellos que no necesitáis acompañamiento psicoterapéutico, en la medida que vayáis conociendo mejor vuestras virtudes y vuestras carencias, algún pequeño déficit encontraréis digo yo. A menos que esté hablando con narcisistas de pro, podréis seguir creciendo como seres humanos, actualizando todo vuestro potencial.

Parar y mirar es aconsejable siempre. Si todo está en orden, vemos dónde y en qué podemos mejorar y listo, manos a la obra. Tenemos mucho potencial que actualizar. Es una bonita manera de vivir, sin duda.

Con frecuencia, la mejor manera de crecer implica relacionarnos con personas que nos ayudan a ir más allá de nuestros patrones automáticos, que nos ayudan a cuestionar nuestro funcionamiento, que con su modelo nos llevan a plantearnos nuevas formas de hacer y de manejarnos en la vida.

Si el panorama de lo que vemos está un poco desbaratado, como es mi caso, estamos a tiempo para pasar la ITV, especificar los daños y acudir a un buen taller de reparación.

Pero, repito, hay que parar y mirar, mirar fuera y dentro con calma, cariño, respeto y aceptación.

Consciencia

Para los que no veáis la necesidad de parar, lamento comunicaros que tengo malas noticias. Si no paramos nosotros, la vida se encargará de hacerlo. ¿Lo dudáis? Pues ya podéis bajar a la realidad.

Quizá sois jóvenes y, claro, veis muy lejos la enfermedad, la vejez y la muerte. Pero la vida es terca, os lo aseguro y el parón siempre llega. Es más, tenemos la mala costumbre de morir y casi siempre suele haber un tiempo para pensar antes de que suceda, aunque sea a última hora.

Por eso cuanto antes se produzca la pausa de reflexión, más tiempo tendremos para conocernos y aprender de nosotros mismos. Lo que no tiene sentido es seguir adelante llevados por la inercia, en piloto automático. Blay también decía aquello de: «Si cada día te levantas y repites lo mismo, no actualizas ningún potencial».

La pausa de vida más consciente de la que he sido testigo fue la de Marisa. Entrada en los cincuenta, con una hija pequeña, se presentó en mi consulta con una demanda absolutamente inesperada.

«Tengo cáncer, Javier. Me queda poco tiempo de vida. Me han hablado de ti y vengo a prepararme. Quiero conocerme, aprender, antes de morir».

Esta fue su frase, más o menos literal, al sentarse en el sofá de mi pequeño despacho en aquel tiempo.

Intenté mantener la calma, dentro de la emoción que me invadió al instante. Imagino que ella lo percibió porque resultaba evidente. Quizá para Marisa aquello era algo esperado y no hizo comentario alguno al respecto.

Lo que no sé si percibió fue el impacto que supusieron en mi vida, no solo como terapeuta sino también como ser humano, los meses de relación —yo no lo llamaría terapia— que tuve la fortuna de disfrutar a su lado.

Jamás olvidaré aquel día que exploramos la relación con Lorea, su hija, que a la sazón tenía alrededor de siete años. Quería saber cómo comunicarle su estado, su enfermedad, el tiempo que le quedaba de vida. Marisa era consciente de que los niños personalizan la realidad y que se hacen en cierto modo responsables de lo que pueda sucederles a sus seres queridos.

Un día, en la sesión, me sorprendió con esta conmovedora escena:

—Ayer entré en la cocina y me encontré a Lorea subida a la mesa de la cocina. Estaba estirada, de puntillas intentando cambiar la bombilla de la luz que estaba fundida».

»—¿Qué haces bonita? —le pregunté.

»“—Es que ahora yo soy buena, *amatxo* —respondió—. Y si yo soy buena, tú no te morirás”.

Ella lloraba mientras relataba la conversación con su hija y yo lloraba por dentro al escucharla.

No sé hasta qué punto Marisa era consciente de su elevado nivel de ser, de su profundidad como ser humano. La decisión de morir consciente no era sino el colofón de una vida guiada por la búsqueda interior y la demanda de crecimiento espiritual.

—Religiosa no soy, pero espiritual sí, de las buenas —solía decir. Para ella se podía ser espiritual sin estar adscrito a ningún culto concreto.

No entro a valorar la filosofía de vida de Marisa, tan solo diré que tuve delante a una persona que te llegaba muy adentro. Genuina, cercana, valiente, reflexiva y guiada siempre por algo que iba más allá de lo material.

Esta experiencia fue única para mí y muchas reflexiones de este libro son fruto de aquella experiencia inolvidable. Allá donde estés, gracias de todo corazón, Marisa.

Lección

A veces la pausa es propiciada por nuestra interacción con terceros, como a mí me ocurrió con Marisa. Ejemplos de vida que te tocan lo más profundo de tu alma, te llevan a una reflexión serena y te cambian la existencia.

Este es el caso de Merche. Mujer de mediana edad, profesional reconocida y con una vida agitada en origen. En un momento dado de la terapia, uno de sus dos hermanos, Javi, fue diagnosticado de esclerosis lateral amiotrófica (ELA).

Durante largos meses, tres años concretamente, coordinada con su otro hermano, Jaime, Merche se volcó en cuerpo y alma en el cuidado de su hermano enfermo. Ambos cuidadores hacían un equipo perfecto, que funcionó como un reloj hasta el fallecimiento de Javi.

Javi sobrellevó la terrible enfermedad con decoro y partió de este mundo en paz, rodeado de familia, amigos y seres queridos. Después hubiera venido la fase del duelo. Es lo esperable en estos casos.

Pero, no dio tiempo, porque una semana después del deceso, Jaime, el hermano con el que ha compartido todos los miedos, angustias y desvelos de la maldita ELA, llamó por teléfono a Merche comunicándole que tenía que hablar con ella urgentemente.

Cara a cara, mirándola a los ojos, Jaime le expresó con todo el cariño y con la mayor calma del mundo que llevaba muchos meses luchando contra el cáncer y que, según los doctores, le quedaba un mes de vida.

Jaime había mantenido en secreto su enfermedad, turnándose con Merche en los cuidados de Javi y teniendo poco contacto directo con ella, en un intento de que el proceso fuera lo más llevadero posible para sus dos hermanos queridos, tanto para Javi, el enfermo, como para Merche, la cuidadora.

Al principio Merche se culpó por no haberse dado cuenta del deterioro de su otro hermano, aunque no lo tenía fácil. El deterioro tan brutal de Javi con la esclerosis absorbía toda su atención y Jaime era un maestro en disimular y evitar el contacto

Este sacrificio humano de Jaime rompió todos los esquemas de Merche. El impacto fue tal que casi olvidó el motivo que le llevó a pedir ayuda psicológica. Se produjo en ella una especie de maduración reflexiva, una comprensión profunda. Uno puede entregar su propio sufrimiento para aliviar el sufrimiento del otro. No hay acto más excelso en nuestra calidad de humanos.

Ya no nunca sería la misma, y el recuerdo de sus hermanos, sobre todo la lección de vida de Jaime, hicieron de ella una persona mucho más conectada consigo misma, con los suyos y con la vida en general. Ahora afronta el sufrimiento y los sinsabores de la vida con una actitud muy diferente. Se ve capaz de transitar por el dolor, a la vez que ofrece a los demás lo mejor de sí misma. Acepta y saborea la vida tal y como viene, con sus certezas y su incertidumbre.

Desde la pérdida y la muerte, ha empezado a comprender la vida.

Shock

La forma más traumática de parar es cuando te para la vida. Un accidente, una enfermedad, cualquier cosa que te corta tu día a día de cuajo. Lo quieras o no, te obliga a parar el reloj, es un tiempo muerto forzado en medio del partido; toca médicos, tratamientos, ingresos en su caso, reposo generalmente y tiempo para la recuperación.

Tiempo. La palabra deseada y maldita a la vez. Nunca tenemos tiempo. Pero en los espacios de recuperación de cualquier dolencia o intervención quirúrgica, una vez superados los malestares iniciales, el tiempo sobrevuela imponente, como una maldición o como una oportunidad. Depende de cómo lo miremos.

Es cierto que casi ninguno esperamos que nos suceda a nosotros. De una manera un tanto infantil, tendemos a creer, en nuestro fuero interno, que son cosas que les pasan a otros, excepto en casos de hipocondría o cuadros similares.

Por desgracia, son cosas que pueden suceder y que, de hecho, suceden. Esta es una ley casi universal. El universo es azaroso y la seguridad completa no tiene cabida en él. Pero, un parón siempre es un parón, aunque sea por razones de fuerza mayor, y nos concede tiempo para pensar, para reflexionar sobre lo divino y lo humano.

Por supuesto que no deseo a nadie ninguna enfermedad, ni un accidente con lesiones graves, ni nada similar. No nos confundamos. Simplemente pongo el acento en que la vida, muchas veces, nos hace parar de esta manera tan contundente.

Este era el caso de Andoni. Vasco indómito, seguro de sí mismo. Recién superados los cuarenta, estaba en lo mejor de su vida profesional. Prestaba sus servicios en una institución pública de nivel planetario, viajando por todo el mundo en su nombre y presenciando todo tipo de conflictos, guerras y desgracias humanas, algunas de ellas de una crueldad extrema.

De pronto, cuando menos lo esperaba, el temible cáncer, otra vez, llamó a su puerta. Todo se paró de repente.

Intervenido de urgencia, su vida dio un vuelco completo. Vuelta a casa, al viejo hogar paterno. Convalecencia, incertidumbre y quiebre anímico profundo.

Las crisis de ansiedad hicieron acto de presencia, especialmente las nocturnas, el insomnio refractario, y sobre todo, lo más terrible, un montón de pesadillas y *flashbacks* de experiencias pasadas. Los recuerdos de los infiernos vividos se agolpaban en su mente, haciendo imposible un descanso reparador. Andoni sabía bien que este cuadro no era el mejor para lidiar con el malamado cáncer.

Decidió parar y pedir ayuda. Como hombre resolutivo que es, no necesitó muchas explicaciones para comprender que la causa de fondo de su estado emocional hundía sus raíces en su manera de vivir, fruto a su vez de su crianza y de su educación.

El cuerpo había dicho basta. Y la mente reforzó esta realidad con miedos y angustias tan viejas como desoladoras. Tocaba descansar y recuperarse del carcinoma por un lado, y recuperar el equilibrio emocional, por otro.

Dicho y hecho, Andoni se puso a la tarea, a tope como hace siempre. Pero esta vez el camino le llevaba al autocuidado. Las sesiones de terapia y la práctica de la atención plena, con dedicación y constancia, hicieron que se conociera cada vez mejor a sí mismo y este autoconocimiento le llevó a una reflexión profunda. Empezó a dar significado a experiencias que no había atendido, viajó a lo largo de los diferentes capítulos de su vida, reescribiendo su historia bajo una nueva mirada.

Andoni comenzó a plantearse la posibilidad de acompañar a otros en su sufrimiento. Más pronto que tarde, desde su experiencia de quiebre y superación, estará ayudando a otros seres humanos que sufren como a él le ha tocado sufrir.

Algo que realizará, estoy seguro, con el mismo cariño, el mismo ímpetu que ha puesto siempre en todo lo que emprende y la misma dedicación con los que se ha manejado siempre por esos mundos, pero ahora desde una calma profunda.

Desde el sosiego que nace de mirar a la vida y saber que la puedes perder mañana, de la comprensión profunda de que toca vivir el momento presente, soltando en cada instante nuestras ideas, incluso nuestros sueños, y saboreando cada minuto, porque todo instante puede ser eterno, desde el calor de las entrañas, cuando nos sentimos bien en el cuerpo que nos acoge.

Conmoción

Hay ocasiones en que el golpe es tan brutal que el coche queda casi para el desguace. Generalmente uno no lo ve venir y el mazazo es tal que queda conmocionado y fuera de juego por un tiempo a veces largo.

Las causas pueden ser insidiosas y escurridizas, pero las consecuencias son tremebundas. Pueden acabar con todo, familia, salud, vida profesional, economía, lo que sea; el tsunami no hace distingos.

Estos escenarios son de tal intensidad y el sufrimiento de tal magnitud que no todo el mundo tiene el aguante, el cuajo y la fuerza para parar el tiempo y reflexionar, a la vez que se revuelve y lucha con todo y contra todos para salir adelante.

Patricia es un buen ejemplo. Cuando rondaba el meridiano de la vida, se separó de su marido. Cuatro hijos, padres cuidadores, cultos y un tanto rígidos. Enamorada, había iniciado una vida matrimonial que incluía una empresa familiar fundada por su padre y que acabó compartiendo con su compañero.

El negocio estaba relacionado con el arte y la divulgación, áreas donde Patricia es una fuera de serie y el compañero, un poco torpe, por decirlo suavemente. Conclusión: la que realmente trabajaba era ella. Él apenas aparecía por la sede y cuando lo hacía era para la foto. Su presencia era meramente nominal, aunque en sueldo y beneficios iban a medias, por supuesto.

Como suele suceder en estos casos donde una parte tira del carro y la otra se deja llevar, Patricia se ocupaba de niños, empresa y casa. Totalmente enamorada, no vio lo que le venía encima.

Hoy dice que en realidad algo sí que intuía, o al menos eso cree, pero que no prestó atención. Es verdad, no prestó atención y por eso no olió al depredador que tenía al lado. Luego comprobó, con dolor, que era muy peligroso. Demasiado tarde.

Un día sí y otro también, a veces directamente y otras con sarcasmo, el esposo y toda su familia denigraban a Patricia. Daba igual que estuviera a solas o con los niños delante. Ella aguantaba y aguantaba. Por el bien de los niños, ya sabéis. Finalmente no pudo más y planteó una separación.

La respuesta del lobo, o el cordero con piel de lobo, como queráis, fue fulminante. Entró en cólera y explotó contra su compañera de vida con una virulencia inusitada.

Ofendido ante tamaño atrevimiento se revuelve y ataca.

Aparentemente perdió los papeles, pero no del todo, y

sibilinamente, por debajo, va haciendo una labor de zapa con bancos, proveedores, etc., de forma que al consumarse el divorcio, Patricia despertó del sueño y se encontró sin empresa, sin hogar y con los hijos bailando de casa en casa, sin que ninguna fuera suya.

El «encantador de serpientes» fue moviendo hilos y notarios y se hizo con la mayor parte del negocio y la propiedad de la casa familiar.

No pretendo llegar al fondo de una conmoción de este tipo, solo señalar que ante tamaño tsunami, viéndose con una mano delante y otra detrás, cansada, derrotada y arruinada, Patricia no se rindió.

No se dejó arrastrar por la vergüenza y la culpa de su ceguera. Bien al contrario, recorrió un camino interior que le llevó a comprender las raíces de aquel complacer sin preguntar, de aquel no mirar y confiar inconsciente.

Este viaje supuso escudriñar con cariño en su infancia y entender que en ella estaba la respuesta de por qué ha necesitado siempre agarrarse a alguien, aunque no la tratara adecuadamente. Los porqués de tanta ingenuidad, de su necesidad de afecto a cualquier precio. Y acabó descubriendo, sin sorprenderse lo más mínimo, que era su manera de paliar la falta de atención y mirada paterna y materna.

Entonces comprendió como su carencia afectiva fue

generando esa necesidad de atención, algo que debía haber recibido en su infancia por parte de sus cuidadores y que nunca se dio. Al no haber recibido atención en su momento, Patricia no sabía reconocer el buen cariño. Cualquier cosa le servía, hasta un mal cariño. Por eso fue presa fácil de la mirada cautivadora de un depredador.

Descubrir este entramado emocional implica conectar la carencia afectiva de la familia que no la atendió como debía haberlo hecho, con la pareja que no la quiso como ella esperaba.

Patricia contaba con recursos propios de lucha y tesón que le han acompañado siempre y que seguían estando ahí, pero en su mente había echado raíces la inseguridad, el miedo a no poder confiar en su capacidad para discriminar a las malas personas de las buenas.

Buscó ayuda. Quería aprender a discernir mejor, a ver lo que antes no veía. La relación terapéutica se convirtió en un espacio seguro donde descubrir qué quería y qué necesitaba de verdad, al mismo tiempo que seguía adelante, luchando por su vida, por sus hijos y conciliando como podía crianza y supervivencia.

Hoy, años después, no se arredra ante su ex, brame o sonría. No pierde el centro. Sigue cumpliendo como madre y como profesional. Ejemplo de resiliencia, pundonor e inteligencia. Patricia ha salido adelante, sus hijos cuentan con una madre presente y disponible afectivamente.

Al hacerse pública su ruptura, un amigo de hacía muchos años, compañero del mundo del arte, se acercó un día a nuestra querida amiga y con carita de cordero degollado le confesó que siempre había estado enamorado de ella.

Anonada al principio y halagada después, el miedo le revolvió las entrañas. Trabajamos este miedo en terapia, procesando los recuerdos traumáticos con una técnica denominada EMDR, hasta que finalmente se sintió lo suficientemente capaz y serena para, con precaución, poder decir sí a su viejo amigo e intentar conocerlo un poco mejor.

De aquella sorpresiva declaración surgió una relación, que aún se mantiene hoy día y en la que Patricia no se pierde y sabe bien lo que merece y lo que necesita.

El caso es demoledor pero lo importante para Patricia es que ha podido desembarazarse de una relación donde no se permitía sentir su insatisfacción.

—Si no me hubiese pasado esto, nunca habría despertado —suele comentar con sorna.

No va quejándose por las esquinas, ni maldiciendo el día que conoció a su ex. Mira para adelante y sigue creciendo. Ha comprendido que la primera que tiene que mirarse con mimo y cariño es ella misma.

Los recursos de mis pacientes, sus fortalezas, su resiliencia para no dejarse arrastrar por la fatalidad son mi fuente de inspiración. Pocas veces he conocido a alguien como Patricia, tan resolutiva y tan reflexiva a la vez. Otro ejemplo de vida.

Hablando de parar, quizá sea un buen momento para hacer nosotros también un pequeño parón. ¿Os animáis a reflexionar un poco conmigo?

¿Os habéis sentido identificados con alguno de los ejemplos de este capítulo?

¿Habéis tenido alguna experiencia que, por inesperada, dolorosa o incomprensible os haya obligado a parar y planteaoften vuestra realidad de nuevo?

¿Alguna persona que, con su ejemplo, os ha marcado la vida para bien?

¿Ante cualquier revés, tenéis el hábito de reflexionar y descubrir qué podéis aprender del mismo?

9

ITV

Una vez que hemos conseguido parar, conscientemente o por fuerza mayor, ahora toca mirar. Mirar todo el recorrido con perspectiva. Desde el inicio del viaje hasta este momento de reflexión.

Ahora debemos pasar la ITV y ver qué me sobra, qué me falta y por dónde cojeo. Todo vehículo debe pasar de vez en cuando la revisión y el nuestro no es una excepción.

La ITV no es un taller de reparación. Es el paso previo. Los técnicos de la ITV darán un repaso completo a mi vehículo y su dictamen final será el que determine la necesidad de acudir al taller.

Por tanto, no es necesario ir a terapia para mirarse a fondo. Siempre ayuda, pero las herramientas de autobservación y atención plena están al alcance de todos y son tan viejas como el mundo.

La más validada y reconocida es la meditación, hoy rebautizada en Occidente como *mindfulness* o atención plena.

Es muy aconsejable practicar estas herramientas con instructores avezados, y es muy recomendable practicarlas, al menos en principio, de manera grupal. Pero ello no significa que estemos haciendo terapia como tal.

Este punto es delicado. La atención plena se difunde sobre todo como una herramienta de bienestar. Y lo es. No lo pongo en duda. Pero nosotros vamos un poquito más allá.

A mí me gusta hablar de atención plena terapéutica, ahondando en la idea original de la meditación. Pero, aunque le añado el apellido de «terapéutica», no por ello la considero un abordaje terapéutico en sentido pleno. La entiendo más bien como un recurso, aplicable a casi todas las escuelas, abordajes o paradigmas de la psicología.

Dicho en pocas palabras: conciencia plena es «ver las cosas» como son. Una percepción lo más directa posible de la realidad, incluida mi realidad, observando lo que ocurre en mi mundo interno y lo que ocurre fuera de mí. Esto, bien entendido y bien aplicado, hace de la atención plena uno de los instrumentos más eficaces para cualquier terapia.

En definitiva, la atención plena puede convertirse en el instrumento que nos lleve a conectar y sostener nuestras emociones. Si he vivido muchas situaciones traumáticas y de adversidad en la infancia, requeriré de un acompañamiento terapéutico adecuado, necesitaré que alguien me ayude a mirar, que reconduzca mi mirada y me ayude a sostener la herida emocional. De no hacerlo así, puedo correr el riesgo de verme desbordado y no saber encauzar el torbellino de emociones.

En definitiva, para pasar nuestra particular ITV necesitamos instrumentos para poder mirar y ver con garantías. Y que sean, obviamente, lo más precisos posibles.

Eso y no otra cosa es justo la conciencia plena. Podríamos definirla como una forma de recogimiento que consiste en observar la realidad en el momento presente, con aceptación plena y sin juicio.

El primer paso es apaciguar la mente, disminuir el ruido de mis pensamientos llevando la atención a algún objeto de centramiento —la respiración o cualquier otro— para, a continuación, una vez alcanzada una mayor estabilidad mental, mirar, observar lo que sucede, dentro y fuera de mí, en cada momento del día.

Es lo más parecido a mirar. Y la mejor herramienta para ver. Puedo practicarla en todo momento y lugar, mientras conduzco mi coche, cuando tomo mi desayuno, cuando cuido a mi bebé, cuando camino, cuando me siento y cuando respiro.

El añadido de «terapéutica», implica la utilización de esta herramienta de atención o conciencia plena en la exploración de mi historia de vida, en la observación de mis heridas internas o en la conexión con mis recuerdos de infancia. Aceptando lo que sucedió, comprendiendo que respondí como lo hice en función de mi historia y mis características personales, y que hice lo que pude con lo que me tocó vivir.

Con esto no pretendo un retorno literal al pasado. Sería, más bien, una especie de presentificación del pasado. Traer recuerdos, heridas, eventos al presente y observarlos en estado de atención consciente. Con calma y sosiego, anclados en una respiración consciente, con aceptación plena de todo lo que veo y siento.

Me convierto así en espectador, aquí y ahora, en el momento presente, de mis vivencias y recuerdos pasados, sin intentar cambiar nada, solo observar, y sin juzgarme por lo que veo aparecer en la pantalla de los recuerdos. Dándome cuenta de que en este momento no están sucediendo en realidad, que solo es una evocación voluntaria desde la seguridad del presente.

Parece sencillo pero no lo es tanto. Por eso es recomendable cierta práctica en estas artes antes de empezar a mirarse. Si esto no es posible o se me da mal, lo más recomendable es hacerlo con guía, alguien de confianza que me ayude a sostenerme frente a la intensidad emocional del recuerdo e impida que las viejas heridas me arrastren.

Mirarse no es revivir sin más y mucho menos pensar. Es un viaje que a veces resulta muy duro. No todo el mundo es capaz de mirar con calma un momento traumático y las sensaciones que le invaden al volver a evocarlo.

Por eso es importante hacer este distingo. En casos de trauma severo o trauma complejo es desaconsejable hacer este trabajo solo. Hay que ser muy cauto con esta cuestión.

«¿Por qué?», os preguntaréis.

Porque conectar con una herida traumática sin resolver es de una intensidad enorme. Son palabras mayores. Si uno no es capaz de sostenerse frente al tsunami de emociones asociadas al trauma original, lo más probable es que salga retraumatizado del intento.

Dicho de otra manera, si el miedo, la angustia o la rabia conectados con la herida nos arrastran, si uno no puede anclarse, mirando la herida con atención plena, sin perder la calma y el sosiego, es muy posible que se vuelva a sentir maltratado, abusado o abandonado.

Es decir, volverá a vivir el mismo miedo, o la misma angustia, o la misma rabia, con el mismo sabor y con la misma intensidad que en el momento de los hechos, con riesgo severo de retraumatización.

Seamos humildes desde el principio. La ITV es buena para todos. Conocerse a uno mismo es una bendición para todo ser humano. Pero, dependiendo de la magnitud de la adversidad padecida, es posible que mis sistemas físico y psicoemocional necesiten de un acompañamiento especializado.

En mi actividad profesional me encuentro con esta realidad cada día. Personas que acuden a mi consulta habiendo sufrido traumas severos, arrastrando heridas muy serias y viviendo situaciones especialmente dolorosas. Por eso nunca aconsejo este viaje interior sin una guía adecuada.

El *mindfulness* o atención plena es el recurso por excelencia cuando uno anhela comprenderse a sí mismo e ir más allá de las respuestas que ha repetido una y mil veces a lo largo de su vida.

La preparación previa lleva su tiempo, a veces meses, e

incluye —al menos esa es mi propuesta— la práctica de cierta intensidad del *mindfulness* terapéutico presencial en formato grupal.

La experiencia me ha demostrado que el formato grupal, intensivo incluso, propicia situaciones que me permiten verme, ver al otro y ser visto al mismo tiempo, recogido en un espacio seguro, rodeado de personas que resuenan conmigo y con la seguridad del guía capaz de hacerse cargo de la intensidad emocional que surja en cada momento.

Mi primer acercamiento a la meditación, en plena juventud y por mi cuenta, fue guiado por libros especializados y vagas instrucciones tomadas con pinzas aquí y allá. Es una experiencia que no recomiendo en absoluto. Hoy puedo contarlo, pero creo que deambulé de forma temeraria por estados alterados de conciencia, sin saber recolocarlos.

Aun con todo, practiqué con intensidad y alcancé un cierto nivel de disciplina y de quietud mental. Aquello me ayudó a sobrevivir y a reconducir mi vida, pero no fue hasta muchos años después, rozando la cuarentena, cuando pude mirarme realmente dentro, con perspectiva, calma y sosiego.

«¿Por qué después sí y antes no?», os preguntaréis.

Porque más adelante encontré un guía experto, mi maestro. De su mano pude introducirme en los vericuetos más enrevesados y dolorosos de mi brumoso pasado y salir, no solo tranquilo, sino con la sensación de haberme quitado un enorme peso de encima. Con él fui integrando mi historia sin rechazar ninguno de sus capítulos.

Ver todas mis facetas, mis miserias, mis estados, incluidos los rechazados, acompañado desde el cariño y desde el más profundo respeto y, al mismo tiempo, poder sostenerme con calma y aceptación verdadera, sin juzgarme ni condenarme a mí mismo, fue absolutamente liberador.

Quitarme de encima la carga de una vida no sanó las heridas de fondo, eso quedaría para más adelante, pero descansé por fin. Seguía siendo el mismo «desastre» de siempre, pero esta vez en paz conmigo mismo.

Aquella sensación fue brutal, como volver a nacer. Aún recuerdo con nostalgia enternecedora aquellos maravillosos días de consciencia y redención.

Reitero, de todos modos, que estos consejos son para los más «rotos», como ha sido mi caso. Los demás podéis ejercitar el mirar, con *mindfulness* o sin él, por vuestra cuenta. Si lo hacéis en atención plena, con aceptación y sin juicio, muchísimo mejor, por supuesto. Es un bonito ejercicio del arte de vivir.

El mirar dentro es un acto tan íntimo, tan personal que es difícilmente transferible. No hay manual. No hay esquemas replicables.

Ya sé que encontramos clasificaciones, tipologías, pautas y consejos por doquier. Y más hoy día con la expansión de las redes sociales. Todo ayuda, pero nada es definitivo. Lo único real es tu propio viaje, tu propia experiencia.

Por eso, yo no voy a sentar cátedra con este libro, ni voy a vender píldoras mágicas de autoconocimiento. Me limitaré, como he hecho hasta ahora, a presentar ejemplos vivos de esta ciencia del mirar.

Seguro que os identificáis con aspectos de algún caso, y nada con otros. Esa es la idea. Que este humilde escrito, sea también vida.

Al presentar cada recorrido vital, observaréis un orden. Es mi orden. El que se me hace más cómodo tras muchos años de práctica. No es lo importante, pero de alguna manera tengo que presentarlo.

Adaptativo

Lo más fácil sería recrear un marco, un desarrollo de vida ideal. Hay muchos libros de autoayuda que abundan en esta idealización. Sois libres. Yo personalmente no creo en seres humanos perfectos. De hecho dudo de que haya nada perfecto en el universo, en el sentido humano de perfecto. El universo es un caos ordenado, perfecto y armonioso en su conjunto, aunque imperfecto en sus partes. Y nosotros somos una de esas partes.

El arte de vivir implica la aceptación de la incertidumbre y de todo lo que conlleva, lo bueno y lo malo. La aceptación no es instantánea y exige una enorme capacidad de adaptación. Lo cual, a su vez, incluye resiliencia, solidaridad y toda una lista de valores que nos hacen humanos: honestidad, humildad, empatía, compasión y así hasta casi el infinito.

Como todos estos intangibles son imposibles de medir, intentaré inspirarme en algún ejemplo de alguien que sea especialmente adaptable y humano a la vez. Sin aspirar a perfeccionismos raquíticos e idealismos ingenuos.

Vamos, lo más parecido a un ser humano normal, si es que la noción de normal es aplicable en este caso. De hecho es el único ejemplo de todo el libro que no va a ser real. He mirado y remirado y no he encontrado a nadie normal en mi entorno cercano. Y menos aún perfecto. Vamos, que esta que sigue es una historia inventada. Seguro que os gusta.

Os presento a mi amigo Jesús. Hombre normal y corriente. Padre, esposo y amigo de sus amigos. Hombre capaz y equilibrado, de los que se toma su tiempo antes de tomar una decisión. Cumple en su trabajo y participa en obras sociales. Muy querido en el barrio y en la sociedad gastronómica. Amante de la música, clásica sobre todo, y de la naturaleza. Lleva una existencia placentera, sin estridencias. Podemos decir que no es de muchas aventuras.

Temperamento biológico más bien flemático, pasivo, tranquilo, con un umbral de ebullición muy elevado. De esos niños que duermen bien. Y de esos adultos que están siempre en su sitio, sin acaparar los focos, pero sin esconderse tampoco cuando se le pide opinión.

Nace en un hogar de verdad. Donde hay disponibilidad afectiva y cuentos de buenas noches. Cuando de bebé llora, es atendido con mesura, sin histrionismo. Cualquier dolor o afección es atendida *ipso facto* sin dramas añadidos. Ha sido un bebé muy deseado y por ende, luego un niño muy querido.

Los padres saben estar. Ni invasivos ni excesivamente melosos. Abuelos, tíos, primos y demás familia, todos cortados por el patrón del equilibrio emocional. Saben escuchar y hacen que Jesús se sienta aceptado y validado, no solo en casa, sino entre todos los miembros del clan.

Nuestro afortunado amigo crece con un sentido sano de pertenencia, es parte de algo, la familia, donde realmente es visto y sentido por sus cuidadores, cimiento básico de un yo sano y sólido. El sueño de todo hijo.

Ello no implica ñoñería ni mimo malsano. En aquella casa ocurren cosas, como en todos lados. Pero no hay alama. Si se cae la pantalla de la televisión y se hace añicos con estrépito, todos se asustan, papás incluidos.

Pero estos se recuperan enseguida del susto, se regulan emocionalmente y comienzan a recoger los trozos con calma, dando a entender con los hechos, que las cosas pueden romperse, algo puede salir mal, pero que no se hunde el mundo.

Con estos mimbres comienza Jesús a explorar el universo exterior, primero en los parques y guarderías y después en el colegio. Como al nacer ha aterrizado en un mundo acogedor, estable y previsible, presupone que lo que encuentre más allá del hogar será igualmente acogedor. Un niño así no tiene por qué pensar o esperar otra cosa.

En el colegio no recibe ningún trato especial. No destaca académicamente. Estudia lo necesario y aprueba sin problemas. Sus papás refuerzan esta actitud. Premian el esfuerzo con medida, sin caer en expectativas de grandeza futura.

Si hay algún malentendido con algún profesor, Jesús lo cuenta enseguida en casa. El hábito de expresar emociones está instalado en aquel hogar y nuestro amigo hace uso de él a menudo.

Lo mismo ocurre con sus iguales. Cada vez que tiene cualquier conflicto con los compañeros de clase, y claro que los tiene, Jesús lo comunica en casa de inmediato. Lo cual propicia, en contacto con sus progenitores, una seguridad real y una mayor comprensión de lo sucedido, a partir de la cual puede afrontar el hecho con entereza y tomar una decisión lúcida

Al hablar de lo sucedido en casa, los padres hacen el papel de lóbulo frontal de su hijo. Los adultos, desde su experiencia, hacen un esfuerzo por hablar de lo sucedido con Jesús, poniéndose a su mismo nivel.

Así, bien acompañado, puede digerir y hacer frente a los hechos, un tanto dolorosos, que sin esta reflexión encauzada por sus padres, hubieran podido derivar en confusión, malestar, impotencia, rabia, o lo que es peor, incomprensión.

De esta manera Jesús va tomando conciencia de su yo, un yo diferenciado y separado del otro. Comprende que tiene una identidad propia, con su historia, sus emociones y sus reacciones ante los vaivenes de la vida.

Es capaz de entender y de aceptar, además, que el otro tiene también su propio yo, igualmente individualizado, con su historia y sus emociones. Y, más importante aún, asume esta realidad, aceptando la individualidad de la otra persona, e intimando con ella, aunque ambos orbiten en universos diferentes.

Esto es una autovalidación en toda regla. Jesús no espera ni necesita que los demás le reconozcamos ni validemos su persona, ni sus emociones, ni su sexualidad, ni sus gustos. Es inmune al «qué dirán». Esto le permite intimar con cualquiera, aunque no coincida con él, aunque discrepe radicalmente, o incluso aunque dicha persona no sea de su gusto.

La autorregulación en su caso viene programada casi de serie. Con el preciso y precioso modelado familiar, Jesús ha aprendido a mantenerse regulado aunque el otro esté desregulado. Por increíble que parezca, incluso en plena activación emocional mantiene el juicio y la lucidez.

El resultado de una personalidad enormemente empática, capaz siempre de aceptar a los demás a pesar de las circunstancias o de las diferencias. Un hombre que no se crea problemas y muy fácil de tratar.

¿A dónde quiero llegar con esta recreación? ¿Estoy representando una vida ideal?

No exactamente. Mi intención no es dibujar una vida ideal, donde no ocurre nada malo, donde todo es dicha, fortuna y buenaventura. Nada más lejos de mi propósito.

El objetivo de estas líneas es idealizar en lo posible la personalidad de nuestro personaje. Idealizamos la capacidad que ha desarrollado Jesús a la hora de afrontar lo que le toca en la vida, no la vida en sí misma.

No es que todo le salga siempre a pedir de boca, que cada Navidad le caiga el gordo de la lotería, que todo el mundo le quiera y que no enferme nunca. No va por ahí. Estoy intentando dar forma, de una manera sublimada, al desarrollo de una personalidad adecuada y regulada para el tránsito por esta vida.

Sublimamos el modo de crianza. Ponderamos a un niño visto y sentido por sus cuidadores, poniendo el acento en el desarrollo de su capacidad para reconocer sus emociones, su habilidad para validar al otro desde la diferencia, su capacidad para expresarse emocionalmente, para tolerar la frustración, para la resiliencia. La lista no tiene fin.

Un personaje así, idealizado de esta manera, daría hipotéticamente respuesta, regulado y conectado consigo mismo, a cualquier obstáculo de la vida.

En caso de ser rechazado por sus iguales, estoy seguro

de que sortearía el disgusto con solvencia porque, desde una autoestima excelsa, sin autocomplacencia, nuestro venturoso amigo es capaz de validarse a sí mismo y no necesita de la aprobación de los demás.

Si por desgracia enfermara, Jesús ha desarrollado la necesaria capacidad de aceptación para no caer en la desesperación, la humildad —que no abunda— para poder mostrarse vulnerable y la resiliencia suficiente para luchar por la vida.

Incluso en caso de enamoramiento, si inicia una relación y esta no fluye, lo más probable es que se tome su tiempo y reflexione con calma. Sería uno de los candidatos a lo que muchos aspiran y pocos consiguen: «separarse con cariño», desde el amor.

Porque Jesús puede comprender y asimilar que, quizá, su compañero o compañera esté en otro momento de la vida, que sus personalidades, a pesar del afecto, no sean compatibles o que, simplemente aparezca otra persona en su vida.

Podríamos enumerar otros mil ejemplos con el mismo patrón. Pareciera que estamos redactando, así como quien no quiere la cosa, el libro de instrucciones del bello arte de vivir. ¿Verdad? No corráis, tranquilos. Calma.

A las personas con los rasgos de personalidad descritos en este ejemplo la vida también les deja huella, también sufren y lloran. Lo que les diferencia es su capacidad para recuperar equilibrio. No son seres perfectos, sino personas normales con una resiliencia suficientemente desarrollada para sostenerse ante la adversidad.

Más adaptativos que la media, más resilientes y equilibrados sin duda, pero también ellos llevan en sus carnes el rastro del estrés de la vida. Su ITV tampoco resultaría inmaculada del todo. Es cierto que no son las personas que más frecuentan un consultorio psicológico, pero no por ello dejan de ser humanos, vulnerables como todos.

Yo no me he topado con muchos ejemplos con esta capacidad de adaptación, pero existir, existen, no lo dudéis. Hablamos de adaptación, no de perfección.

En la ITV de la vida no existe la perfección. En la ITV de la vida esto no sucede. No hay ser humano perfecto. Ni familia perfecta. Ni padres perfectos. Ni genética perfecta. Ni escuela perfecta. Ni amigos perfectos.

Podríamos escribir una enciclopedia explicando cómo debería ser la personalidad ideal, especificando todas y cada una de sus cualidades y cómo desarrollarlas, por supuesto. El manual de instrucciones del yo ideal. Existen multitud de tratados de este tipo que yo respeto como el que más.

Simplemente a mí, la vida me ha llevado por otros derroteros. Es todo, no hay más.

Me reafirmo en la idea de que el arte de vivir es un arte humano. En el siguiente capítulo dibujaremos seres humanos «normales» de «verdad». Normales por imperfectos. Algunos necesitarán una buena puesta a punto y otros, una visita urgente al taller.

El arte de vivir se convierte en bello precisamente por eso, porque nace de nuestra imperfección, de nuestra vulnerabilidad, de nuestra necesidad de afecto, porque esa es la calidad de humano, lo que nos hace seres humanos.

10

Puesta a punto

Después de la provechosa parada en boxes, hemos pasado la preceptiva ITV y nos hemos ido a casa con un informe impecable donde se nos comunica con detalle el estado de nuestro vehículo.

En él se determina si nuestro vehículo está impecable y se puede seguir la ruta sin problemas, o si bien tiene pequeños desajustes y es necesario una puesta a punto, o, en el peor de los casos, si tiene que pasar por el taller.

Que quede claro, por mi parte, que el taller no es un imperativo. Hay personas capaces de poner el coche a punto por su cuenta, incluso de repararlo ellos mismos en casa, sin necesidad de pasar por un taller especializado.

Primero, por tanto, hemos asumido la necesidad de parar. No porque el hecho de parar y reflexionar sea obligatorio, en realidad es solo una opción, más que aconsejable eso sí, sino, sobre todo, porque queramos o no, la vida, antes o después, acaba por pararnos en seco.

¿Parar para qué?

Para mirar y ver. Para observar y comprender. Algo aparentemente sencillo de explicar, pero no tanto de ejecutar. Aquí hemos propuesto la herramienta de la atención plena. Sin olvidar que la adquisición del recurso de la atención o conciencia plena exige mucha práctica y una guía adecuada, especialmente en los casos de personas con heridas traumáticas severas.

Nuestra ITV interior es una especie de repaso o introspección profunda, un repaso de vida que, normalmente, deja en evidencia alguna que otra carencia en nuestra personalidad, o aspectos que claramente están de más. Saber de qué pie cojea uno es de personas inteligentes. Es lo que venimos llamando el autoconocimiento, primer paso hacia el crecimiento personal consciente.

Este parón y esta reflexión introspectiva nos van a permitir armar el «lego», las piezas que componen el protagonista de este viaje: nosotros. Toca, por tanto, encajar las diferentes partes que componen lo que somos en este momento: el temperamento biológico, la concepción, el tipo de crianza, la relación con los cuidadores, la escolarización, la relación con los iguales, la salida al mundo, la pareja, los hijos y muchos más.

Sin olvidar otras partes igualmente importantes, pero no tan previsibles como todo lo referido a heridas emocionales, traumas más o menos severos, duelos y pérdidas, enfermedades orgánicas o mentales y demás. Aquí la lista también sería prolija.

No aspiramos a realizar un cuadro completo con todas las combinaciones posibles de las partes antes mencionadas. Simplemente porque sería una tarea imposible, por mucho que nos guste etiquetar y clasificar en psicología.

Tan solo nos inspiraremos, como hemos hecho a lo largo de todo el libro, en varios casos reales, que nos ayuden a perfilar algunos de los desarrollos más habituales en este constante cruce de caminos que llamamos existencia.

Cada uno de vosotros sería un bonito ejemplo combinatorio para describirlo en este apartado. Todos hemos pasado por lo mismo, todos hemos sufrido o saboreado el mismo tipo de experiencias; todos tenemos un temperamento biológico, somos hijos de un padre y una madre, nos han criado de una manera u otra, hemos acudido a esta escuela o a aquella, etc... Y todos hemos padecido, en mayor o menor medida, cierto nivel de sufrimiento.

Sin embargo, el resultado de la combinación de todo

ello es un individuo singular, no hay dos vehículos iguales, no hay dos personalidades idénticas. El acoplamiento de las diferentes partes del lego de la vida es absolutamente aleatorio, por increíble que parezca, lo cual hace de este proceso algo tan estimulante como impredecible.

La normalidad es la cruda realidad, por lo que volvemos a los casos reales, dejando atrás la recreación idealizada del capítulo anterior. Seguro que ya me habéis perdonado esta pequeña licencia.

Veamos a continuación algunos resultados de las combinaciones más frecuentes.

Agobiado

Félix, hombre joven, profesional por cuenta propia. De una extraordinaria sensibilidad a nivel temperamental. Sumamente creativo, pero criado en un entorno poco proclive a veleidades artísticas.

Hijo de hosteleros. Los padres trabajaban de sol a sol, todos los días de la semana. No había tiempo para los tres hijos, que iban bailando de casa de los abuelos a la casa paterna, con la cuidadora de tarde, cuando no al bar-restaurante del hostal donde prácticamente hacían la vida sus padres.

Félix tampoco tuvo suerte con la lotería fraterna. Era el mayor de los tres y además le tocó «hacer» de hermano mayor, es decir, cuidar de los pequeños y otras tantas tareas domésticas.

Por si fuera poco, el pequeño nació con problemas de salud y el escaso tiempo que tenían los padres para ocuparse de los niños, lo dedicaban casi en exclusiva a la más débil, a la enferma.

Nuestro protagonista no era precisamente el rey de la casa. Los focos raramente apuntaban a su persona. Tenía mucha responsabilidad y poca disponibilidad afectiva por parte de sus padres.

Como niño que era, no comprendía las razones de fondo del comportamiento de sus progenitores, simplemente los hechos le confirmaban, una y otra vez, que no reparaban en él.

Cuántas veces han comentado delante de familia y vecinos: «Es que Félix es como si no estuviera. Nunca da guerra».

Estar sí que estaba, pero nadie lo veía. No era visto. No era sentido. No era parte del grupo. El sentido de pertenencia es fundamental en la conformación de la autoestima en un niño.

Traducido al cosmos mental del niño: «Nadie me quiere».

Y esta realidad, el no sentirse querido calará en la autopercepción de Félix, dejando una huella perenne en su yo incipiente de niño y posteriormente en su personalidad ya hecha de adulto.

Esta carencia fue una parte fundamental en la composición del lego de la personalidad de Félix, que marcará, o al menos, condicionará, en cierto modo todas las etapas y facetas de su realidad futura.

Otro detalle fundamental, producto de la misma carencia, es que nuestro querido amigo tuvo que buscarse las castañas él solo. Cuando llegaban las angustias de niño, las pesadillas o los terrores nocturnos al acostarse, los gritos en casa, no tenía otro remedio que afrontarlo solo.

Así, Félix, paradójicamente, fruto de la desatención paterna, desarrolló una fortaleza inusitada. Aprendió a regularse solo. Se refugió en su mundo interior, en su imaginación desbordante, en sus amigos imaginarios, a la vez que ocupó su mente en el estudio, el mejor de la clase, y en el orden, el cuarto, la ropa, las cosas del cole, todo bien dispuesto y ordenado.

Con estos dos rasgos tan contradictorios, carencia emocional y capacidad de focalización, se aprestó Félix a explorar el mundo.

El primer hito de esta exploración fue la escuela y la

calle en la relación con sus iguales. Y aquí nos topamos con otro regalo materno. Nuestro protagonista no era delgado, tampoco destacaba por su sobrepeso, pero su madre era una maniática de la imagen corporal y no soportaba un miligramo de grasa de más.

La madre lo veía poco, y cuando lo veía, lo veía gordo. La cantinela en casa era: «Te vas a poner como un tonel».

Otro hándicap era la autopercepción física de Félix, la cual no ayudaba precisamente en un niño que ya llegaba con la autoestima muy dañada a la escuela. Para más inri, en el colegio se topó con los populares, en una época que para ser guapo o guapa tenías que rozar la anorexia.

Y aquí viene la pregunta: ¿Cómo afrontó Félix el rechazo de sus iguales?

La respuesta es previsible. Partimos de un niño extremadamente sensible, que rechazaba su cuerpo por considerarlo poco agraciado y con una carencia atencional exagerada.

La angustia de ser menospreciado por sus iguales era de tal intensidad que hizo lo que pudo y más por amortiguarla. Actuó como lo hace un niño con un temperamento sensitivo emocional. En primer lugar, contentar a los populares, satisfacer sus expectativas. Así se convirtió en el «dominguillo», el correveidile del grupo. Intentaba conseguir la atención de los demás accediendo a situaciones que le resultaban embarazosas e incómodas. Con el estrés y la impotencia que ello suponía.

En segundo lugar, empezaron las dietas y los regímenes, alentados además por la madre, hasta jugar peligrosamente con los trastornos de conducta alimentaria. Felix adelgazó, y mucho, pero daba igual, ni por esas consiguió que el grupo lo aceptara como un igual.

Y por último se refugió, aún más si cabe, en el estudio y en el orden. Un empollón vamos, lo que tampoco ayudaba a la hora de socializar, y un maniático del orden que vive siempre en alerta.

Así llegamos a la adolescencia, ese momento tan crucial en el desarrollo de la identidad. Y surgió el milagro. Cupido no hace distingos y Félix se enamoró, eso no era difícil, lo increíble para él es que fuera correspondido por una chica muy guapa.

No se lo podía creer. Vivía en un sueño. Pero aterrado a la vez. Estaba convencido de que antes o después, la chica se daría cuenta de sus defectos, de su obesidad y de su inseguridad, y que en la pantalla aparecería el famoso *The end*, la película ha terminado.

La contradicción era terrible. Por un lado, se cumplía el sueño imposible: era visto, sentido y querido, algo inimaginable en la mente de Félix y por otro lado, este cariño le aterraba, porque todas las personas que supuestamente lo querían, padres y a menor nivel hermanas, nunca lo habían visto, y si lo habían visto, lo habían visto gordo.

La adolescencia no es fácil, para las chicas tampoco. Su novia era guapa y popular. Desgraciadamente muy popular, y se movía con desenvoltura en todos los ambientes, algunos no muy recomendables. De hecho, era una asidua consumidora de cocaína.

Las cosas no eran como parecían. Su amada no era especialmente cariñosa, sus cambios de humor eran impredecibles, y aunque argumentaba y defendía su amor para con Felix, muchas veces no lo priorizaba, cuando no lo abandonaba literalmente y desaparecía durante largas temporadas.

Lo mismo que le ocurrió con los populares de clase. La sumisión fue la estrategia que Félix adoptó para amortiguar la angustia que le producía la atención intermitente de la novia y sus separaciones sin previo aviso. Ello le hacía permanecer en un estado de alerta constante en un intento de adaptarse a sus demandas cuando reaparecía.

Félix se rebajó como hombre y como persona en un intento de agradar a su amante. Se enganchó como un adicto a la adicta. Se anuló como persona, y era incapaz de pensar con claridad, cada vez que se encontraba en su presencia.

Como seguramente ya habéis deducido, el daño ya estaba hecho. El infortunado Félix había conocido el paraíso y, de golpe, era abandonado de nuevo en el infierno. Al volver a sentirse no visto, se hizo pequeñito otra vez y se conectó con las sensaciones de no ser querido de siempre.

Y se desmoronó, pero al desplomarse, su caída no se detuvo en la superficie, Félix fue más abajo, se precipitó hasta el averno de la supuesta fealdad y la insidiosa gordura, se condenó de nuevo al abismo que ya saboreó en su infancia. Donde él no tenía valor alguno, ni como hombre, ni como persona.

Esta tormentosa pseudorrelación se prolongará durante años. Yo lo conocí en la onceava separación de la misma princesa yonqui.

Curiosamente, Félix tenía éxito con las chicas y no le faltaban pretendientas. Las pocas veces que, en ausencia de la princesa, se dejaba querer por alguna admiradora, su interés desaparecía de golpe, por completo, ante el primer mensaje zalamero de su «novia», ya de vuelta del enésimo viaje.

La otra parte del lego, la compensatoria, seguía desarrollándose en paralelo. Su escasa autoestima se fortalecía, primero en los estudios y luego en el éxito profesional. Aunque os resulte chocante, esta conducta compensatoria es muy habitual en personas con carencia emocional por desatención en la infancia.

Hoy en día Félix es un profesional como la copa de un pino. Tiene un negocio propio que va viento en popa. Tiene empleadas a muchas personas y es reconocido en su sector como una de las figuras a seguir.

Sin embargo, la contradicción de fondo persiste. La princesa inalcanzable ya no hace temblar sus cimientos, pero las relaciones afectivas siguen siendo su punto flaco. Para incredulidad de amigos y conocidos, el ejecutivo triunfador se convierte en un niño inseguro cuando intima con cualquiera.

Y esto sucede mayormente, pero no solo, con las parejas. Enamorarse es un tormento. Pero también ocurre a otro nivel con amigos, sobre todo con los más cercanos. Si la relación es superficial, una amiga con derecho a roce o un amigo de fiesta, Félix aparece como un hombre seguro y divertido, pero cuando esa chica o ese amigo intiman y pasan a ser importantes, Félix se hace pequeñito, retraído, vacilante y sonrojado.

Con estos mimbres, con este vehículo, afronta Félix el viaje. Este es el resultado de su ITV de vida. Ahora está en su mano qué hacer con esta realidad, que ha podido por fin mirar, ver, comprender y aceptar. Este, no otro, es el arte de existir.

De la ITV interior salimos con el informe de deterioros y carencias, pero la reparación de los posibles desperfectos o el abordaje de vacíos e insuficiencias depende de cada uno. Las opciones son muchas, individuales o grupales, por cuenta propia o bajo la guía de expertos competentes. Felix eligió terapia. Pasó por el taller de reparación y no se ha arrepentido de ello.

No hay manual. No hay milagro. Nuestro protagonista ha tocado fondo. Energía, voluntad, determinación y constancia le sobran. Está en el camino.

Esquivo

Fernando. Cincuentón. Vida intensa. Nacido en un pueblo de la meseta, en la Castilla profunda. De padres agricultores. Cuatro hermanos. Primogénito y ojito derecho de su madre.

Hombre inquieto, siempre activo. No necesita estímulo exterior, se estimula él solo con montones de ideas, planes y metas. Siempre tiene algún proyecto nuevo en la cabeza.

Familia tradicional, de la vieja escuela. El trabajo siempre por delante. Las casas de campo en los pueblos de la meseta se definen con una palabra: trabajo. Todavía hoy no saben muy bien qué quiere decir «fin de semana». Y a las vacaciones, ni se las conoce, ni se las espera.

Fernando es de un temperamento biológico más bien reactivo, nada le deja indiferente, sobre todo la injusticia. A la menor sospecha de abuso, salta como un resorte. Ello hace de él uno de los hombres más íntegros que he conocido en mi vida.

Pasó su primera infancia, por tanto, en un entorno rural con escasa, por no decir nula, presencia de padre y mucha presencia de madre. El padre estaba siempre en el campo y no contaba. La madre permanecía siempre en casa, pero siempre dentro del hacer, alrededor de las labores cotidianas.

La escuela y los maestros decían poco en aquel pueblo y los niños ayudaban en las labores de la casa antes incluso de comenzar a perder los primeros dientes de leche. Siempre había algo que hacer, si no eran las gallinas, era la huerta y si no, aparejar la mula.

En aquel escenario, Fernando no recordaba un abrazo. De hecho, se sorprendía con la pregunta.

—¿Abrazos en casa? No entiendo.

No podía entender lo que no se dio. Las muestras de afectividad no formaban parte de aquel ambiente, rústico, áspero y bucólico a la vez. Por aquellos lares el cariño se demostraba con los hechos.

Fernando será fiel representante de este prototipo. Totalmente ligado a la madre, la adorará con locura y la protegerá con fervor hasta su muerte. Hombre adusto, fuerte, duro según el caso, recto siempre y, sin embargo, un niño frente a mamá, a la que profesaba auténtica adoración. Es enternecedor ver cómo le cambia la cara y se le ilumina la mirada al recordar a su madre.

La admiración era mutua. A falta de padre, de sol a sol en las labores de labranza, Fernando se constituyó en el hombrecito de la casa. Y cumple a rajatabla las expectativas de la madre.

Él nunca llora, los hombres no lloran. Él nunca se queja, los hombres no se quejan. El mejor en la escuela. Realmente estamos ante un superdotado intelectualmente hablando.

—Ese es mi hijo —alardeaba la madre en la plaza del pueblo.

La relación entre los niños del pueblo tampoco era sencilla, no vamos a negarlo. Las rencillas y las peleas, el abuso de los mayores en la pequeña escuela rural y las burlas de algunas chicas hacían que nuestro protagonista dedicara mucho de su tiempo a apagar los numerosos fuegos producto del ardor guerrero de aquellos pequeños rebeldes sin causa.

Ya desde el principio, Fernando destacó por su fortaleza, su carisma, su osadía y su integridad. Sin mucha mano izquierda, emocionalmente hablando, consiguió ser el referente de los mozalbetes de su edad.

«Qué suerte», diréis.

Sí y no. Fernando es un superdotado para la supervivencia. Inteligente, constante, voluntarioso, agónico en el esfuerzo, hombre de palabra, ¿quién da más? Nada que objetar por este lado.

Pero, por otro lado, estamos frente a un analfabeto emocional. Jamás ha recibido una caricia. Nunca ha expresado una emoción. Nunca ha visto a nadie comunicarse emocionalmente. No sabe distinguir lo que siente, y menos aún ponerle nombre. Daría la vida por su madre, pero no un abrazo. No sabría.

En aquel medio rural donde la exteriorización de los afectos no tenía sitio, o incluso era abiertamente denostada, Fernando era el rey. Muy pronto, la situación daría un giro de ciento ochenta grados.

Rondando los nueve años, sus padres decidieron emigrar a Suiza, en la parte alemana concretamente, en busca de mejores oportunidades de trabajo y de futuro para la familia. Tierras nuevas, idioma nuevo, cultura absolutamente diferente a la nuestra y pobreza en casa, al menos esa fue la sensación de Fernando al principio.

—Es curioso —suele comentar con cierto asombro—, en Suiza mi padre ganaba mucho dinero, más que en el pueblo, sin embargo, allá nos sentíamos más pobres que aquí.

Es el síndrome del emigrante. Y más si eres un niño. ¿Cómo comparar la sensación de ir al supermercado en Suiza, donde todo es carísimo, con la de ir a la cuadra y pillar media docena de huevos de las gallinas y un conejo, de paso? ¿Dónde se es más pobre? Obviamente en el pueblo. Pero la sensación se da al revés. Yo mismo tuve esta impresión al emigrar de mi aldea a la capital.

Emigrar es duro. Vivir en la Suiza alemana era muy duro. Y los niños suizos no eran angelitos con los emigrantes, precisamente. El aterrizaje en tierras helvéticas puso a prueba la resiliencia de Fernando.

En la escuela, el patio se convirtió en un test continuo de la resistencia y valentía de nuestro mozo castellano y la clase, en un examen constante donde el emigrante tenía que demostrar constantemente su valía.

Fernando no ha olvidado nunca el autojuramento que se hizo a sí mismo, aquella tarde, frente a los abusones de clase suizos por supuesto, tras un episodio de acoso contra él.

—¡Juro por mi madre que dedicaré mi vida a superar a los suizos!

Fernando, a la sazón, tenía doce años. Y vive Dios que cumplió su promesa. Hoy es director general de una empresa suiza. Cada año es reconocido como el director general de referencia dentro de la compañía. Por encima de sus competidores en otras partes del mundo, casi todos helvéticos de cuna.

Como veis, nuestro querido director está hecho para la lucha, la brega y el liderazgo. Aquel pequeño caudillo de las huestes infantiles en el pueblo hoy lidera miles de personas en su sector, donde es modelo y referencia entre sus iguales.

Pero nos falta algo. La afectividad, el corazón. Tuvo suerte y se cruzó con una preciosa italiana también emigrante en Suiza. El amor se abrió paso, e iniciaron una relación que llega hasta nuestros días. Cuatro hijos son el resultado de esta bonita alianza.

La compañera era perfecta para él. Sensitiva, acogedora, dulce, cumplidora. Con grandes dotes para las artes, acabó estudiando diseño y decorando todo lo que pillaba.

Los primeros tiempos de la pareja en Suiza fueron deliciosos para ambos. Un regalo para Fernando, aunque entonces no fuera capaz de valorarlo. Fueron años de estudio, de sacrificio, las dos familias unidas. Pasar tantas vicisitudes juntos, enamorados, crearía un sólido vínculo de cariño, que ha perdurado a pesar de crisis y desencuentros.

Porque aquí entramos en la parte frágil de Fernando, «¿Frágil un hombre tan fuerte?», os preguntaréis.

Sí, muy frágil emocionalmente. No sabía manejarse con los afectos. No sabía abrazar. No sabía decir: «Te quiero».

—Ella ya sabe que la quiero —solía enfatizar.

—Además de quererla, tiene que parecerlo, Fernando —respondía yo con una sonrisa.

En la fábrica los conflictos los resolvía tirando por la calle de en medio, con su inteligencia y su habilidad innatas para encontrar la salida en cada encrucijada y con su temple y fortaleza para hacer posible lo imposible.

Pero en casa esto no funcionaba. Hay una ciencia, que Fernando no dominaba. La ciencia de las emociones. El lenguaje del corazón.

Se graduó en la ciencia de la evitación emocional. Sorteaba todos los conflictos familiares con aparente seguridad, pero fue dejando pelos en la gatera.

Como evitador no tenía rival, pero al final los conflictos le acabaron estallando en la cara. Conflicto entre su adorada madre y su amada esposa. Conflicto entre su esposa y su cuñada. Conflicto con su hija.

Para él todo era estrés. Punto. Sin embargo, todos y cada uno de sus seres queridos fueron pasando por diferentes terapias. Fernando no entendía nada. Hijos y esposa le querían, pero no entendían a Fernando.

El callejón sin salida duró lustros. Nadie le ponía el cascabel al gato. Los hijos adoraban a su padre porque sabían que tenía buen corazón y que daba la vida por la familia. La compañera le perdonaba con el mismo convencimiento.

Lamentablemente, como decía mi maestro, si la olla de las emociones no se mueve, al final se pudre. Si no se comparte, se contrasta, se expresa con cariño lo que cada uno está viviendo, el conflicto seguirá latente, hasta derivar en tumor. Esto está más que estudiado hoy día.

Las terapias finalmente dieron fruto. La esposa y dos de los hijos consiguieron llegar emocionalmente a Fernando. Un milagro, decían todos, cosa que yo corroboro al cien por cien.

Nuestro afamado ejecutivo hispano-suizo era la persona más desconectada emocionalmente que he conocido en mi vida. Hablarle de sentimientos era hablar en chino mandarino.

Este es el personaje con el que Fernando ha transitado el camino. No ha sido su elección. La vida lo ha querido así. Y este es el resultado de la ITV de su vida.

Las carencias son claras y las fortalezas también. Todos en casa son conscientes de ello. Pero el amor es terco por ambos lados.

Los unos están teniendo la paciencia de educar a su compañero y padre como quien educa a un bebé de guardería en el reconocimiento, la aceptación y la expresión de las emociones.

Y el otro, solo por amor, se ha puesto a la tarea, con más ánimo que fortuna hasta la fecha. Ya sabe, al menos, que esta ciencia es diferente. Que no hablamos de ingeniería. Aquí la razón está de sobra y la mente alumbra poco.

Él sabe lo que hay, pero no ha recurrido a terapia. Solo somos amigos. Lo que aprende lo aprende de manera vicaria, a través de sus seres queridos que sí han recibido acompañamiento psicoterapéutico.

Reitero una vez más, no hay manual. Primero mirar y ver. Luego aceptar y comprender. Y finalmente, cada uno verá qué hacer con el resultado de la introspección de su ITV personal.

Reactivo

Terminamos con Antón. Treintañero. Nació en el seno de una familia muy humilde. Vecinos de un barrio más humilde aún, en el extrarradio de la Barcelona emigrante.

De origen gallego, su padre, analfabeto, provenía de una aldea perdida de la Galicia interior. Iracundo y extraordinariamente violento, las palizas eran el pan nuestro de cada día en casa.

Los cuatro hermanos fueron víctimas de la ira del padre, aunque Antón, por ser el mayor, se llevó la peor parte. Apenas guardaba recuerdos de la primera infancia y los pocos que tenía eran terribles y los percibía como hologramas ajados envueltos en una densa niebla. No había emoción en el recuerdo.

La escuela del barrio, os podéis imaginar, era un auténtico museo de la pobreza en la infancia. Crisol de razas y culturas, predominaba la ley del más fuerte. Y Antón era de los fuertes. Bueno, se hizo fuerte a golpes. Ya venía golpeado de casa. La escuela era una continuación suave de las palizas hogareñas.

Él entonces no lo sabía, pero era un niño sensitivo. Y muy inteligente. Cualidades poco perceptibles en aquel submundo.

En un escenario de supervivencia pura y dura, miedo en casa, miedo fuera, solo en casa, solo fuera, Antón se crio como un hurón: introvertido, hosco, arisco, antipático. Si entonces alguien le hubiera dicho que era un niño sensible, no habría sabido ni de qué le estaban hablando.

La adolescencia no fue menos turbulenta. Los recuerdos se acumulaban en la mente de Antón, en un laberinto de vida sin sentido, con mucha fiesta, mucho alcohol, los mejores alucinógenos, amores de una noche y amigos de pandilla, los mejores de cada casa siempre, claro está.

Ni se planteó estudiar. En casa no vieron la necesidad. La violencia doméstica siguió hasta que Antón, alto y fuerte como un roble, se encaró finalmente con su padre y respondió a la violencia con violencia.

Salió rebotado de casa e inició un recorrido muy habitual en adolescentes con los antecedentes familiares y humanos de nuestro protagonista. Vida en la calle. Hoy duermo aquí, mañana allá. Trapicheos de medio pelo. Trabajos de media tarde. Los días iban y los días venían y Antón no sabía por dónde le daba el aire.

— Por las mañanas me despertaba y tenía que hacer un esfuerzo para recordar dónde estaba —explicaba como lo más normal.

Cada día una casa nueva, una cama nueva, cuando no

sofá, jergón o simplemente un suelo nuevo. Ese era el día a día de aquel mozalbete de barrio.

Aquella vida no apuntaba hacia ningún sitio. Pero siempre hay una salida, y Antón encontró la suya, también habitual en aquel microcosmos de pobreza endémica.

Un par de compañeros vinieron con la buena nueva. Se habían alistado en el Ejército. Cama, comida y un sueldo decente. Respetado socialmente y encima, con formación incluida. Vamos, como ir a la universidad. Un poco más duro, pero igual de efectivo. Del Ejército también se sale con título. De hecho, Antón salió mecánico.

Y con respecto a la dureza, aquello era un paseo de niños para un adolescente criado a palos y curtido en la noche en tugurios sin nombre.

Dicho y hecho, recién cumplidos los dieciocho, nuestro héroe se presentó en la oficina de alistamiento más cercana. Tenía porte, era fuerte y vivo. Ningún problema. La patria lo necesitaba.

No es ironía. Vista la trayectoria de Antón. creo que el Ejército fue una buena solución y la mejor escuela de vida. Había disciplina, pero tenía sus reglas y su sentido. Los primeros años en la Armada fueron los mejores, un bálsamo para sus heridas, del cuerpo y del alma.

Incluso tuvo la fortuna de saborear el amor en estado puro, el néctar de un amor verdadero. Alto, guapo, uniformado y con enormes ganas de vivir. Una hermosa joven se cruzó en su camino.

Sin embargo, con su historial afectivo, carente absolutamente de mimos y arrumacos, sin el menor atisbo de ternura, solo golpes y violencia, aquella primera relación con una princesa de verdad nacía con los días contados.

Pero ni siquiera hubo tiempo para el desenlace. Pronto fue destinado a las fuerzas de pacificación de la ONU en una de las mil guerras absurdas que adornan nuestra irracionalidad humana.

Y las guerras no tienen ojos, ni corazón. Nuestro flamante soldado tuvo la mala fortuna de ser testigo de una de las atrocidades de la guerra. Ver morir a un grupo de niños despanzurrados por un obús delante de sus ojos.

Aquella escena lo destrozó. Quebró su mente y su ánimo. Tal parece que, dentro, muy dentro, sí era un hombre muy sentido, como os digo, tierno incluso. La cuestión es que ya nunca más sería el mismo.

Cayó en una profunda depresión, con pesadillas y *flashbacks* continuos. Fue retirado de la misión, devuelto a casa e ingresado en un centro psiquiátrico de las Fuerzas Armadas.

Diagnosticado de Trastorno de Estrés Postraumático (TEPT) fue licenciado, compensado y devuelto a la vida civil

Y aquí comenzó el problema. Perdido, enfermo, sin oficio ni beneficio, empezó una peregrinación de terapias y pseudoterapias, a la vez que sobrevivía con lo que había aprendido en el Ejército, la disciplina y la mecánica.

¿Por qué problema?

Porque el estrés postraumático no desaparece simplemente por el mero hecho de alejarse de las bombas. Cualquier golpe fuerte que le pillara despistado —y en las labores de mecánico los golpes abundan— activaba en Antón, de inmediato, el «modo lucha», un estado de alerta, inundado de miedo, y en su caso, además, acompañado de la visión horripilante de los niños destrozados.

Por si eso fuera poco, el estado de lucha, secundario al estrés postraumático, va seguido casi siempre de un estado de fuga disociativa —como las que describimos en un capítulo anterior— donde Antón pierde la consciencia. Pueden pasar horas y no recordar nada de lo sucedido durante ese tiempo.

Y como remate, se despierta del sueño disociativo, sintiéndose pequeñito, como un niño vulnerable y asustado. Al principio esto le confundía, pero con el tiempo, se dio cuenta de que era la misma sensación que sentía cuando su padre llegaba a casa y cogía el cinturón. O cuando escuchaba desde el pasillo, los gritos de su hermano al ser golpeado por su padre en el salón.

Curiosamente el estrés postraumático lo conectó con la violencia recibida en la infancia. Parece evidente que, de niño, la mente de Antón se disoció para sobrevivir a tanta paliza. De ahí que el recuerdo fuera confuso y brumoso.

El modo de lucha provocado por el terror de la guerra derivaba, a su vez, en una forma de desconexión emocional, que conectaba con el estado disociativo infantil y este con recuerdos que estaban enterrados en el olvido.

Aquel infausto incidente de los niños destrozados abrió la caja de pandora de la historia de trauma de Antón.

La disociación, reiteramos, es una defensa de supervivencia cuya misión es difuminar, borrar o congelar experiencias de vida que por terroríficas (guerra, agresiones, abusos o cualquier experiencia cercana a la muerte), pueden no solo desbordar, sino quebrar definitivamente el sistema nervioso central.

«Entonces —me diréis—, aquellos recuerdos de las palizas del padre, bien enterrados estaban».

En un sentido sí. De ese modo pudo sobrevivir la mente de Antón.

Nadie lo ha buscado. Nadie ha querido removerlo. La terapia, contrariamente a lo que piensa más de uno, no consiste en remover por remover. Si la persona ha conseguido ser funcional y adaptarse a su entorno hay que respetar esa realidad y no empujarla a reconectar con sus infiernos, a no ser que ella lo demande.

En este caso, fue la vida la que lo demandó. El infierno de la guerra devolvió a Antón al inframundo de la alerta, al miedo y a la violencia.

El Ejército no tuvo más remedio que derivarlo a psiquiatría. Y a partir de ahí medicación, terapias de choque, electroshocks incluidos. Se abre la caja de pandora y comienza el peregrinaje terapéutico.

Así ha sucedido y quizá, como suele decirse, es lo que tenía que suceder.

En el caso de Antón, por tanto, pasar su ITV interior no ha sido una decisión volitiva, sino un acto terapéutico.

Tenía que descubrir sí o sí el origen de su sufrimiento. No solo el obvio, la guerra, sino el subyacente, las causas profundas de lo que le ocurre.

Necesitaba entender, comprender y poner nombre a lo que le pasaba, y él solo, por su cuenta, no se veía capaz. Realmente, dudo de que alguien en su caso fuera capaz.

Con buen criterio se puso en manos de un especialista

experto en trauma complejo. Y de su mano, bien sostenido por alguien que no se asusta, acostumbrado a lidiar con estados disociativos y reacciones postraumáticas, realizó un viaje de vida, una ITV completa.

Tras este viaje, al menos puede decir que se conoce de verdad a sí mismo. Sabe lo que le pasa, cómo le pasa y por qué le pasa.

Ha salido de la bruma, del holograma disociativo. Ya sabe quién es. Y por dónde ha pasado. Y esto le ha empoderado en otro sentido. Ya no es puño y fuerza. Ahora está estudiando y con una relación de pareja que podemos calificar de estable.

El arte de vivir, en este caso, ha exigido sortear acantilados y sobrevivir a abismos sin fondo. Reptar por las trincheras y resucitar de entre los muertos. Resiliencia a prueba de bombas.

Si Antón se aplica, es posible que lo consiga. Y si lo consigue, tendremos frente a nosotros a un auténtico maestro en el bello arte de vivir.

11

Taller de reparación

Con el dictamen de la ITV en el bolsillo, unos se van tranquilamente a casa con su vehículo felizmente bendecido y se afanan en seguir cuidándolo lo mejor posible.

Otros salen con la recomendación de ponerlo un poco a punto, porque, aunque no se observan daños mayores, es necesario alinear frenos, repasar neumáticos o mirar el anticongelante.

Y finalmente, otros muchos abandonan las instalaciones de la ITV con instrucciones precisas de acudir cuanto antes a su taller de referencia, para reparar los desperfectos que han salido a la luz durante la inspección del vehículo.

Ya hemos parado, hemos mirado y hemos visto. Ya hemos realizado el repaso, la introspección de nuestra ITV interior.

Los que habéis salido contentos de la parada, estaréis animados a seguir en la misma línea, lo cual incluye, es mi consejo, incorporar este hábito de hacer tiempo muerto, aunque sea muy de vez en cuando, detener la vorágine del día a día por un momento y reflexionar con calma sobre la vida y sobre uno mismo.

Esta práctica de atención plena nos permite monitorizar en todo momento nuestros estados, sabiendo en cada instante dónde estamos, de dónde venimos y a dónde vamos. Ser dueños en cada momento de nuestro hacer. Saber lo que hacemos y por qué lo hacemos.

Venimos reiterando que vivir es un arte. Ser padres es un arte. Desarrollarse profesionalmente es un arte. Relacionarse entre iguales es un arte. Vivir en pareja es un arte. Cultivar la amistad es un arte. Descansar es un arte. Este arte de vivir llega a la excelencia con la práctica de la conciencia plena.

Los que habéis comprobado que vuestro viaje no va mal encaminado, pero hay alguna que otra arista que limar, algún que otro hábito que repasar, os estaréis preguntando dónde, cómo o con quién, realizar esta puesta a punto, esos retoques, esas pequeñas, o no tan pequeñas, rectificaciones o mejoras.

Aquí cada maestrillo tiene su librillo, siempre que uno

no se venga arriba desde un orgullo ciego y necio. Los habrá que podrán acometer esas mejoras por sí mismos, sin necesidad de recurrir a la ayuda de terceros.

Los habrá que, por idiosincrasia propia, por necesidad de acompañamiento o simplemente porque lo tienen a mano, recurran a amistades cercanas, grupos de crecimiento personal o consejeros varios. Todo esto abunda hoy día, no hay problema.

Y quedan los que, por necesidad de validación exterior, por asegurarse, por comodidad o por querencia personal, llaman a la puerta de algún psicoterapeuta con el que ponerse a punto, para realizar los cambios necesarios con la ayuda de un especialista competente.

Por último, estamos los que hemos salido de la parada con muchas cosas que arreglar.

«Ya es mala suerte», diréis.

«¿Por qué?», contestaré.

No tengo muy claros los porcentajes de los supuestamente aprobados, los que van a recuperación y los que tenemos que repetir. Lo que sí os aseguro es que, en la escuela de la vida, la oportunidad de repetir no tiene precio.

«¡Qué tontería!», estaréis pensando.

Miradlo bien. En la universidad de la existencia pasar de curso no tiene ninguna importancia, porque, de hecho, no hay cursos como tales. Es más, no se avanza ni se retrocede, solo se existe. Y la existencia es el instante, este instante, de consciencia.

Reflexionemos un momento: ¿Quién desarrollará un nivel mayor de consciencia? ¿Aquel que transita por la vida sin exigencia ninguna? ¿O aquellos a los que la vida pone a prueba para sacar lo mejor de ellos mismos?

Mi mentor siempre nos decía que a un maestro siempre le toca el peor asiento en el tren. Son seres que han tenido que desarrollar unos niveles de resiliencia, de voluntad, de donación y de entrega que no siempre vienen de serie y que normalmente no surgen de la nada.

Si en mi trabajo no hay novedad, si mis hijos no dan problemas, si nadie enferma en mi familia, si económicamente me va bien y mi equipo de fútbol gana siempre la liga, no necesito tirar ni de resiliencia, ni de voluntad, ni de donación, ni de entrega, ni de nada.

¡Larga vida, por tanto, a los repetidores! La vida nos exige, la vida nos demanda, la vida nos pone a prueba. ¿Qué mejor escuela de vida?

Nosotros somos el resultado de lo vivido, el producto de la experiencia, no los trofeos que guardamos en el armario o los diplomas que cuelgan en la pared de mi despacho.

Asumido, por tanto, que el hecho de tener que reparar, recolocar, integrar o superar, visto desde la perspectiva del desarrollo personal y humano, no solo no es un demérito sino una oportunidad, cada uno tiene que ver cómo aprovecha la ocasión.

Este monólogo no es para concluir que todos necesitamos o necesitáis terapia. Hay personas que han conocido el lodo y han sido capaces de resurgir de manera inmaculada apoyados en su propio discernimiento, unido a su coraje, intuición y talento innato para escuchar a su cuerpo.

Hay pocos seres humanos con este don, esa es la verdad, pero los hay.

El común de los mortales como yo hemos necesitado de guías, apoyos, consejeros y terapeutas de todo tipo.

Tampoco es ningún demérito. La capacidad de mostrar la propia vulnerabilidad no deja de ser un signo de fortaleza y de madurez.

Ayuda

Finalmente nos decidimos a pedir ayuda. Acudimos al taller. Solos no somos capaces de reparar el vehículo.

Antaño los especialistas en la ayuda eran la Iglesia

y sus representantes, los sacerdotes, los terapeutas de la época, que lo mismo sentaban cátedra en lo espiritual, que solucionaban problemas matrimoniales, rencillas entre vecinos u otros aspectos de la vida cotidiana de la población.

Hoy los talleres de ayuda modernos son más científicos y profesionalizados. Se llaman centros terapéuticos y los pueblan unos especímenes extraños denominados psicoterapeutas.

Comienzo con algunas dudas. ¿Qué es realmente una terapia o un terapeuta?

Todos hemos escuchado por qué la gente va o vamos a terapia. Porque no me encuentro bien, porque tengo sensaciones de ansiedad, porque no puedo parar la cabeza, porque estoy triste, deprimido, con problemas en el trabajo y un sinfín más de alteraciones del estado de ánimo.

Aquí es donde surge la opción de acudir a un terapeuta que me ayude a afrontar aquello que me está desbordando o que, simplemente, no entiendo.

¿Sabe todo el mundo lo que supone ir a terapia? Para empezar, implica que debo ir a un sitio, donde voy a estar con una persona, con la cual me voy a abrir, expresando aquello que vivo, que me desborda o que me supera.

La persona que tengo delante, el terapeuta, no es Dios.

Esta aclaración es importante. Es un ser humano como yo, sentado enfrente de mí, a quién contar mi vida, mi película.

Claro, si está enfrente de mí, es más fácil que él o ella, desde fuera, pueda ver mi película mejor que yo, que estoy al otro lado de la pantalla.

Entender bien esto es fundamental, porque, como el terapeuta me escucha desde la distancia, tiene una perspectiva que le permite verme de una manera que yo no puedo. Ya hemos reiterado más de una vez que verse a uno mismo es muy difícil.

Imaginemos que cambiamos las tornas. El terapeuta ocupa mi lugar como paciente, en el sofá de la consulta. Y yo tomo asiento en su sillón. Ahora soy yo quien lo ve a él desde fuera. Por tanto, es más fácil que vea la película de mi terapeuta que él mismo.

Perdón por el trabalenguas, pero me parece importante enfatizar el hecho de que el terapeuta es un ser humano.

Eso sí, esta persona que está sentada frente a mí y puede verme con perspectiva, tiene unos conocimientos. Y esos conocimientos científicos le van a ayudar, en ese «verme», a saber, dónde tiene que incidir, cómo tiene que encuadrar mi problema y luego cómo actuar, a través de algún tipo de protocolo o abordaje determinado.

La psicología no deja de ser una ciencia con cierta enjundia y muchos años ya de rodaje. Esa persona que me mira desde su sillón ha estudiado en profundidad el comportamiento humano y, además de mirarme desde fuera, sabe cómo mirar.

Aunque yo añadiría otro aspecto muy importante para mí. El terapeuta que está ahí, fuera de mi película, escuchando mi historia, amén de los conocimientos que atesora, también tiene una vida.

Es más, si a lo largo de esa vida, se ha mirado con una mirada reflexiva, se ha trabajado a sí mismo en terapia, estaremos ante un buen terapeuta. Ya hemos enfatizado en un par de ocasiones que los mejores especialistas en adicciones son personas que han sido adictas y han superado la adicción.

Lo más natural es pensar que el terapeuta que me acoge en consulta también haya conocido alegrías y penas, que sepa lo que es sufrir. En realidad, como ha quedado patente hasta ahora en nuestro viaje, todos sufrimos de una manera o de otra.

Y si esa persona ha realizado un recorrido interno, ha procesado sus traumas, ha ido integrando los diferentes capítulos de su vida, los que le gustan y los que no, habrá ido cicatrizando y sanando muchas de sus heridas, logrando un sosiego interno que le ayudará a acoger y regular el sufrimiento del otro.

De esta manera, además de sus conocimientos técnicos, podrá ver al paciente desde fuera con seguridad, descubriendo si se producen las famosas transferencias y contratransferencias del psicoanálisis, que no son más que proyecciones de ida y vuelta entre las historias del terapeuta y las del paciente y viceversa.

Cuando el psicoterapeuta tiene esa madurez humana suficiente combinada con unos conocimientos solventes, entonces puede guiar y ayudar a que el otro, el paciente, comprenda, acepte y pueda manejar su propia vida y sus propias dificultades.

Ha caminado, ha transitado por el sendero, por el cual me va a llevar de su mano.

Los conocimientos son esenciales y sin ellos no hay terapia ni terapeuta. Sin embargo, en mi práctica de años he comprobado que, en los casos más complicados de trauma complejo, la experiencia vital del terapeuta, acompañada de un trabajo terapéutico personal también tienen su importancia.

Es de sobra conocido que lo primero a tener en cuenta, el aspecto básico de una terapia es el vínculo que se establece entre paciente y terapeuta. De alguna manera, el paciente va a intuir, va a sentir que la persona que le escucha es humana como él y que sabe de lo que está hablando, porque también ella ha transitado por senderos sombríos en la vida y ha sabido afrontarlos con solvencia.

Yo al menos, en mi caso, siempre que estoy sentado delante de alguien que sufre, nunca me olvido de mis propias experiencias y de mis angustias, de los vericuetos sin forma donde me hallaba perdido, de las siluetas sombrías, de las noches sin luna. Y me entrego, entrego mi presencia.

Es ahí donde puede llegar a producirse una danza en comunión, donde ambos nos retroalimentamos y nos influimos en esa comunicación en conexión, en ese baile donde el terapeuta tiene que seguir y adaptarse al ritmo del paciente, como haría una figura de apego seguro con un bebé. Esta sincronía permite que se den experiencias interpersonales que son lo que marcan la diferencia con lo vivido en el pasado. De alguna forma nos nutrimos el uno al otro.

Como terapeuta, en ese flujo comunicativo, aprendo, y curiosamente entregando mi presencia, que es la mejor entrega, aprendo y, además, recibo.

Veo frente a mí a alguien que sufre como sufre todo ser humano, y como sufro yo también, aunque sea terapeuta.

Alguien que necesita y pide ayuda, como la que yo o cualquier otro mortal pudiera necesitar en cualquier momento de la vida. Y no puedo menos que, sentirme honrado por la apertura y la confianza que deposita en mí esa persona, y reconocer de corazón su enorme valentía.

En terapia siempre he intentado ser yo mismo. He procurado sobreponerme en todo momento a mi dolor, manejarlo, y ofrecer lo mejor de mí, en ese espacio tan especial que se crea entre psicoterapeuta y paciente. Consciente de que esto no es tarea fácil, porque yo también soy humano y también atravieso momentos delicados.

Por eso puedo afirmar con la mano en el corazón que, además de recoger e intentar ayudar a todos los que han llamado a mi puerta, ellos, todos ellos sin excepción, me han ayudado a mí.

Demanda

Hemos hablado del que está en un lado, el terapeuta, el que proporciona la ayuda. Toca hablar ahora del que está en el otro lado, el paciente, el que demanda la ayuda. Y claro, el paciente también trae a su personaje, su yo, su personalidad.

Por ejemplo, si al paciente que va a terapia le cuesta mucho relacionar lo que le sucede consigo mismo, o dicho de otra manera, si está convencido de que todo lo que le ocurre tiene una causa externa, y él no tiene nada que ver con ello, la terapia no va a resultar fácil.

Tampoco es de gran ayuda, cuando el demandante de asistencia tiene claro que todo lo que le ocurre es una cuestión médica, que se arregla con prescripción farmacológica y punto. Esta visión es bastante habitual entre personas de cierta edad.

La primera psicoeducación para el paciente, en caso de necesidad, consiste en hacerle comprender que uno siempre tiene algo que ver con lo que le pasa, aunque sea mínimamente.

Es decir, el paciente debe ser capaz de aceptar que no es perfecto y que tiene cosas por mejorar, aunque haya —que siempre las hay— causas externas que están en la base de su quiebre anímico.

Una vez establecido un vínculo sano, con un terapeuta entregado y un paciente abierto, comienza la casuística.

Imaginemos una persona que llega a terapia con un *background* sano, una infancia bien llevada, con una personalidad más o menos sólida, es decir con un yo funcional y al que, de pronto, la vida le pone contra la pared, porque se ha quedado sin trabajo, la pareja le ha dejado, le hacen *mobbing* en la oficina o ha perdido a un ser querido.

Obviamente, esta persona llegará tocada, triste, angustiada, asustada o deprimida, pero entenderá, de un modo u otro, que su tristeza es normal porque ha perdido a un familiar, que su angustia es lógica porque se ha quedado sin trabajo o que tiene que pasar un duelo porque ha sido abandonado por su compañera y así sucesivamente.

Este tipo de paciente tiene clara la causa reciente de su dolor, y sabe exactamente lo que busca en la terapia. Hay unos hechos, unos afectados y unas consecuencias emocionales en forma de síntomas. En este caso el paciente viene a dotarse de pautas, de herramientas, incluso de medicación puntualmente, que le permitan hacer frente y digerir esa circunstancia de vida concreta y dolorosa.

Pero, por desgracia, la vida no suele ser tan sencilla.

Imaginemos que voy al psicólogo porque he tenido un problema y me encuentro con que, inconscientemente, junto con el disgusto, se han activado en mí recuerdos, memorias implícitas, heridas que yo tenía congeladas por ahí, sin aparente conexión con el problema que traía a terapia, y nunca se habían expresado hasta ahora.

Pongamos por ejemplo un problema de pareja, que termina en abandono de una de las partes.

En el primer caso, ese paciente con una personalidad más o menos sólida sufre con la pérdida, se tambalea, pero con la ayuda del terapeuta es capaz de darle la vuelta, entendiendo que se trata de un trance de vida, que a veces toca y del cual tiene algo que aprender.

En el segundo caso, pudiera ocurrir que el alejamiento de la pareja active, por decir algo, un trauma de abandono. Porque resulta que la pérdida de mi compañera o compañero, además de la angustia terrible de perder esa relación —algo normal, por cierto— conecta dentro de mí con recuerdos traumáticos de mi infancia, donde fui abandonado, rechazado o no visto.

Y la vivencia de la ruptura, me va a arrastrar a unos agujeros negros que estaban por ahí, tapados o difuminados, pero que se han activado con fuerza por el hecho de la separación.

Y aquí entramos en otro fenómeno, porque hay personas que van a decir:

«No, no. Yo no quiero remover la infancia».

Por supuesto que los terapeutas no queremos remover la infancia. Si el paciente está estable y funcional, resuelve la demanda que traía y, explícitamente, no quiere remover la infancia, perfecto. Que siga con su vida, que parece que funciona.

Generalmente no es el terapeuta el que remueve, es la vida la que lo hace. Es la separación la que ha removido. Las heridas traumáticas sin resolver muchas veces aparecen cuando la existencia se complica.

Y en estos casos lo más inteligente no es tapar con medicación, que, por supuesto puede ayudar, o ponerme a correr maratones hasta la agonía, que seguramente también ayuda. Lo más inteligente es desinfectar y sanar la herida de fondo.

Así matamos tres pájaros de un tiro, resolvemos el problema, crecemos como personas y desactivamos o cerramos una herida, que ha marcado mi vida y que ya no volverá a aparecer con tanta fuerza.

Llegados a este nivel de profundidad, cuando hablamos de trauma, sobre todo de trauma complejo, no hay soluciones mágicas. Estas heridas viejas llevarán un proceso de trabajo terapéutico, a veces largo.

Al principio, por regla general, la frecuencia de las sesiones será mayor, para luego, poco a poco, cuando la comprensión se instala en el paciente, irse espaciando de manera natural.

Y el trabajo siempre lo hace el paciente. El terapeuta no cura, ayuda. La medicación no cura, ayuda.

Por último, no debemos olvidar que quien va a terapia

lo hace como resultado de su propio viaje, ese que ha salido dibujado en su ITV personal e intransferible.

Tomando como ejemplo los tres casos que hemos descrito en el capítulo anterior veremos que el vínculo terapéutico se vislumbra de una manera muy distinta en cada caso.

Comenzando por Félix. Si a lo largo de su viaje ha desarrollado una personalidad agobiada, el demandante de ayuda que acude a terapia, es el agobiado. Y agobiado llega a mi consulta.

Muy sensible y con enormes carencias afectivas, busca inconscientemente cubrir dichas carencias en la relación terapéutica, como hace en otras muchas relaciones.

Hemos tenido que estar muy atentos porque, si no, Félix podría haber generado una nueva dependencia emocional. Es algo que tratamos con calma durante las primeras sesiones intentando generar un vínculo, en este caso terapéutico, sano y reparador, sin caer en viejos bucles emocionales. Cosa que finalmente conseguimos para bien de ambas partes.

Dejando a Félix, si nos centramos en el esquivo Fernando, veremos a una persona que se ha manejado en la vida evitando siempre todo conflicto emocional. ¿Quién irá a consulta? El evitador.

Es un reto para mí llegar al fondo de una persona como Fernando. En realidad, él ni siquiera pidió ayuda directamente, lo hizo, inconscientemente, a través de su familia. Yo recojo el guante y con él tan solo tengo sesiones de seguimiento, donde repasamos la evolución familiar.

De esta manera, casi sin darnos cuenta, vamos generando un vínculo terapéutico especial que me permite llegar al fondo de su corazón. Sigue sin ser el campeón de la expresión emocional, pero nos entendemos casi sin hablar.

Me ha tomado tiempo, pero no tenía prisa. El cariño y la paciencia son los mejores abrelatas en estos casos.

Esposa e hijos reconocen finalmente con agradecimiento: «¡Cuánto se ha humanizado, papá!».

¡Y qué decir de Antón! En este caso es el reactivo quien pide ayuda. En realidad, más que pedir ayuda, al principio lo que hace es escupir su desesperación.

Necesita atención, incluso cariño, pero no está acostumbrado ni a pedirlo, ni a recibirlo. Se le hace extraño este tipo de vínculo.

No sabe manejarse con afecto estable. Vive en alerta y está siempre ojo avizor. Me pone a prueba de una y mil maneras, hasta que pilla alguna respuesta, algún gesto, por pequeño que sea, que confirma que yo también le he fallado, como todo el mundo en su vida.

La relación terapéutica es discontinua e inconexa. He derrochado temple, aguante, tolerancia y paciencia con él, que no me sobran. Pero él ha puesto mucho más. Ha puesto sobre todo entrega absoluta y perseverancia. Entre el uno y el otro, el milagro se ha producido y Antón está poco a poco saliendo de la desesperación y creyendo más y más en sí mismo.

Estos tres casos, más allá de la generalización, ilustran de algún modo una relación terapéutica más o menos consciente y consistente.

Por eso me atrevo a decir que la atención plena y el autoconocimiento son herramientas realmente eficaces en el acompañamiento psicoterapéutico.

Epílogo

El bello arte de vivir

Nuestro viaje ha llegado a su final. Gracias a todos los que me habéis acompañado hasta aquí.

No me es fácil cerrar y sacar conclusiones de una odisea que combina arte y vida. El ARTE con mayúsculas es atemporal, nunca muere. Y la VIDA con mayúsculas, como la energía, es atemporal, ni se crea ni se destruye, solo cambia.

Hagamos de nuestra vida temporal un arte, que la haga atemporal, que sea recordada como una referencia de vida para los que nos sigan en este devenir de la existencia.

Esta obra es un pequeño intento de dar sentido al mero hecho de existir, para lo cual hemos planteado la necesidad de desarrollar un nuevo poder: el bello arte de vivir.

Este poder germina en la acción y florece en la experiencia. Lo cual le da sentido al acto de vivir.

Además, este poder está abierto a todos. No deja a nadie fuera. Es más, da más oportunidades a los que vienen más apurados. Aquellos a los que la vida ha tratado supuestamente con más dureza.

Me gustaría ilustrar este epílogo con las hermosas palabras de Elisabeth Kübler-Ross:

«Las personas más bellas con las que me he encontrado son aquellas que han conocido la derrota, conocido el sufrimiento, conocido la lucha, conocido la pérdida, y han encontrado su forma de salir de las profundidades. Estas personas tienen una apreciación, una sensibilidad y una comprensión de la vida que los llena de compasión, humildad y una profunda inquietud amorosa. La gente bella no surge de la nada».

Efectivamente, la gente bella no surge de la nada.

Quizá hayamos sido demasiado osados al ponderar algo de lo que nadie habla en este mundo del bienestar, el sufrimiento.

Quizá no tenía de otra, porque yo, y lo digo con una sonrisa, he sufrido. Mucho. Igual que vosotros, que estáis leyendo estas letras, también habéis sufrido. Y hablo de sufrimiento por que es parte de la vida y se nos olvida.

Para mí, la clave del vivir es dar sentido a la vida y ello incluye dar sentido al sufrimiento que también es parte de la vida.

Hoy vivimos en una búsqueda constante, obsesiva de la felicidad. Todo lo que nos rodea, ofertas terapéuticas, redes sociales, medios de difusión, mentores de todo tipo, la sociedad entera nos está dando fórmulas mágicas para ser felices, para conseguir un cuerpo más esbelto y musculado, para tener mejor humor, para ser más disciplinado, para lograr mejores desempeños en los estudios o el trabajo, para aprender a relacionarse con los demás, etc.

Nunca hemos tenido tantos medios para desarrollar todo lo que en teoría nos transporta a la felicidad. Y, sin embargo, hoy nos encontramos con que un porcentaje cada vez más grande de la población con problemas de salud mental. Las cifras han alcanzado proporciones alarmantes.

¿Qué es lo que falla en esta ecuación? ¿Por qué esta incesante búsqueda del bienestar y la felicidad por todos los medios nos está llevando al lado contrario?

En mi modesta opinión es, sobre todo, porque nos olvidamos de que el sufrimiento es parte de la vida. Y, de hecho, el sufrimiento da sentido al disfrute y al bienestar.

«¿Cómo es eso?», os preguntaréis.

Sencillo. No hay que ser muy oriental para entender que, si no hubiera noche, no distinguiríamos, ni disfrutaríamos, ni agradeceríamos la luz del día. Y si no existiera el dolor, no nos sentiríamos tan agradecidos cuando tenemos salud.

Todo lo que es básico y fundamental en la vida, desde traer hijos al mundo hasta ganarse la vida, tiene una parte de esfuerzo, de disciplina y muchas veces de sufrimiento.

La pregunta es: ¿Qué hago con el sufrimiento? Entender que está ahí, sin más. Y vosotros lo sabéis. Lo sabéis porque sufrís a veces. No conozco a nadie que no haya percibido, en algún momento, alguna forma de padecimiento, angustia o malestar ya sea físico, emocional, económico social o relacional. Todos hemos saboreado, más o menos, el sufrimiento.

Con esto no negamos la búsqueda del no sufrimiento, del bienestar, de la felicidad. Al contrario, ese anhelo es un reto maravilloso que nos hace crecer como seres humanos, buscando la expansión de nuestra capacidad de realización personal, cada uno en aquello que le falta.

Si a mí, como es mi caso, me falta conexión emocional y eso me ha hecho sufrir, mi crecimiento personal, ese anhelo de bienestar, me va a llevar a desarrollar esa capacidad de sentir y expresarme desde el sentimiento. Si me falta voluntad, desarrollaré la voluntad y así sucesivamente.

Pero ¿cuál es la respuesta a la pregunta? ¿Qué estamos haciendo hoy con el sufrimiento?

En mi opinión, negarlo.

Juzgarlo como un error del sistema. Juzgarme a mí mismo, porque si sufro soy un error del sistema.

O considerar que mi sufrimiento es una injusticia de la sociedad.

Así veo el mundo: «¡mira a los demás, ellos no sufren y yo sí!», o lo que es lo mismo: «¡mira a los demás, ellos son felices y yo no!».

Estamos negando el sufrimiento como algo que debemos apartar, no mirar, algo que no queremos ver.

Cuando era pequeño, un abuelo falleció en mi aldea. Allí estaba su cadáver, expuesto en el salón de la casa, rodeado de familia y amigos. Obviamente había tristeza, pero también se ofrecían licores a los asistentes. Se vivía con naturalidad. Era algo normalizado, un hito natural de la vida.

Por el contrario, en el último tanatorio que me ha tocado visitar hace no tanto, ya no se podía entrar a la cámara en la que se ubica el ataúd con el cuerpo del fallecido. Además, las cortinas que separan la cámara del salón de los familiares estaban casi en todo momento bajadas, impidiendo la visión del cuerpo presente. Como si se obviara el hecho de la muerte, nadie parecía querer ver o despedir al difunto.

Yo he tenido una vida dura, realmente intensa, de mucho sufrimiento y solía quejarme a menudo de ello. En aquel momento creía que contarlo me aliviaba.

Un día mi mentor me cortó en seco y me dijo:

—Cada día que pases contando tus penas, relatando tu sufrimiento, es un día más que sufres esas penas, ese sufrimiento.

Y añadió:

—Con todo lo que has sufrido y teniendo en cuenta tu fuerza, tu inteligencia y tu corazón, un día terminarás por dar sentido a tu sufrimiento. Ese, y no otro, será el sentido de tu vida, dar sentido a ese sufrimiento.

Y aquí me tenéis, a vueltas con el sufrimiento. Cuando me preguntan:

—¿De qué vives?

Siempre respondo:

—De dar sentido a mi sufrimiento.

Hoy, después de un viaje muy doloroso, con sus luces y sus sombras, me he podido conectar un poquito conmigo mismo y he encontrado cierta paz.

Todo lo que he sufrido, bien entendido y mejor aceptado como parte de mí y de mi vida, ha hecho de mí, seguramente, una persona un poco más resiliente, un poco más paciente y, por supuesto, más empática con el sufrimiento del otro, de esto no me cabe duda.

Pero de esto no debemos inferir que el mero hecho de sufrir y tener mucha experiencia de vida te hace, *per se*, más sabio, más maduro, más sólido como ser humano.

Para dar sentido al sufrimiento hay que mirarlo de frente, y hay que ponerle consciencia. Hay que entender lo que uno vivió, lo que uno hizo y las consecuencias de todo ello. De esta forma, uno empieza a conocerse.

Así poco a poco, en mi caso, me fui dando cuenta de que no era el supermán que creía ser. Encontré en mí mismo a un ser humano normal que, arrastrado muchas veces por sus emociones, y cegado otras tantas por la pasión, cometió multitud de errores, algunos bastante serios.

Desde ahí, comenzando por perdonarme a mí mismo y pedir perdón a todos los que hice daño, fui poniendo conciencia en aquella bruma. Descubriendo y tirando de los hilos causantes de mi dolor más profundo, hasta entenderme y comprender, de una vez, qué me sobra y qué me falta. Esta ha sido mi terapia. Una terapia de vida.

Esta es mi experiencia, mi recorrido y mi aprendizaje en el arte de vivir.

Este arte se ha convertido, a su vez, en una manera de vivir apasionante. No concibo vivir de otra manera. Cada día es una nueva aventura, una nueva oportunidad de crecer, de saber, de comprender y de comprenderme.

Por eso me he permitido bautizarlo como *EL BELLO ARTE DE VIVIR.*